蘇民峰 八字筆記 貳

圓方立極

「天圓地方」是傳統中國的宇宙觀，象徵天地萬物，及其背後任運自然、生生不息、無窮無盡之大道。早在魏晉南北朝時代，何晏、王弼等名士更開創了清談玄學之先河，主旨在於透過思辨及辯論以探求天地萬物之道，當時是以《老子》、《莊子》、《易經》這三部著作為主，號稱「三玄」。東晉以後因為佛學的流行，佛法便也融匯在玄學中。故知，古代玄學實在是探索人生智慧及天地萬物之道的大學問。

可惜，近代之所謂玄學，卻被誤認為只局限於「山醫卜命相」五術及民間對鬼神的迷信，故坊間便泛濫各式各樣導人迷信之玄學書籍，而原來玄學作為探索人生智慧及天地萬物之道的本質便完全被遺忘了。

有見及此，我們成立了「圓方出版社」（簡稱「圓方」）。《孟子》曰：「不以規矩、不成方圓」。所以，「圓方」的宗旨，是以「破除迷信、重人生智慧」為規，藉以撥亂反正，回復玄學作為智慧之學的光芒；以「重理性、重科學精神」為矩，希望能帶領玄學進入一個新紀元。「破除迷信、重人生智慧」即「圓而神」，「重理性、重科學精神」即「方以智」，既圓且方，故名「圓方」。

出版方面，「圓方」擬定四個系列如下：

1.「智慧經典系列」：讓經典因智慧而傳世；讓智慧因經典而普傳。

2.「生活智慧系列」：藉生活智慧，破除迷信；藉破除迷信，活出生活智慧。

3.「五術研究系列」：用理性及科學精神研究玄學；以研究玄學體驗理性、科學精神。

4.「流年運程系列」：「不離日夜尋常用，方為無上妙法門。」不帶迷信的流年運程書，能導人向善、積極樂觀、得失隨順，即是以智慧趨吉避凶之大道理。

此外，「圓方」成立了「正玄會」，藉以集結一群熱愛「破除迷信、重人生智慧」及「重理性、重科學精神」這種新玄學的有識之士，並效法古人「清談玄學」之風，藉以把玄學帶進理性及科學化的研究態度，更可廣納新的玄學研究家，集思廣益，使玄學有另一突破。

作者簡介

蘇民峰 長髮，生於一九六〇年，人稱現代賴布衣，對風水命理等術數有獨特之個人見解。憑着天賦之聰敏及與術數的緣分，對於風水命理之判斷既快且準，往往一針見血，疑難盡釋。

以下是蘇民峰近三十年之簡介：

八三年 開始業餘性質會客以汲取實際經驗。

八六年 正式開班施教，包括面相、掌相及八字命理。

八七年 毅然拋開一切，隻身前往西藏達半年之久。期間曾遊歷西藏佛教聖地「神山」、「聖湖」，並深入西藏各處作實地體驗，對日後人生之看法實跨進一大步。回港後開設多間店舖（石頭店），售賣西藏密教法器及日常用品予有緣人士，又於店內以半職業形式為各界人士看風水命理。

八八年 夏天受聘往北歐勘察風水，足跡遍達瑞典、挪威、丹麥及南歐之西班牙，回港後再受聘往加拿大等地勘察。同年接受《繽紛雜誌》訪問。

八九年 再度前往美加，為當地華人服務，期間更多次前往新加坡、日本、台灣等地。同年接受《城市周刊》訪問。

九〇年 夏冬兩次前往美加勘察，更多次前往台灣，又接受台灣之《翡翠雜誌》、《生活報》等多本雜誌訪問。同年授予三名入室弟子蘇派風水。

九一年 續去美加、台灣勘察。是年接受《快報》、亞洲電視及英國 BBC 國家電視台訪問。所有訪問皆詳述風水命理對人生的影響，目的為使讀者及觀眾能以正確態度去面對人生。同年又出版了「現代賴布衣手記之風水入門」錄影帶，以滿足對風水命理有研究興趣之讀者。

九二年 續去美加及東南亞各地勘察風水，同年 BBC 之訪問於英文電視台及衛星電視「出位旅程」播出。此年正式開班教授蘇派風水。

九四年 首次前往南半球之澳洲勘察，研究澳洲計算八字的方法與北半球是否不同。同年接受兩本玄學雜誌《奇聞》及《傳奇》之訪問。是年創出寒熱命論。

九五年 再度發行「風水入門」之錄影帶。同年接受《星島日報》及《星島晚報》之訪問。

九六年 受聘前往澳洲、三藩市、夏威夷、台灣及東南亞等地勘察風水。同年接受《凸周刊》、《一本便利》、《優閣雜誌》及美聯社、英國 MTV 電視節目之訪問。是年正式將寒熱命論授予學生。

九七年 首次前往南非勘察當地風水形勢。同年接受日本 NHK 電視台、丹麥電視台、《置業家居》、《投資理財》及《成報》之訪問。同年創出風水之五行化動土局。

九八年 首次前往意大利及英國勘察。同年接受《TVB 周刊》、《B International》、《壹周刊》等雜誌之訪問，並應邀前往有線電視、新城電台、商業電台作嘉賓。

九九年 再次前往歐洲勘察，同年接受《壹周刊》、《東周刊》、《太陽報》及無數雜誌、報章訪問，同時應邀往商台及各大電視台作嘉賓及主持。此年推出首部著作，名為《蘇民峰觀相知人》，並首次推出風水鑽飾之「五行之飾」、「陰陽」、「天圓地方」系列，另多次接受雜誌進行有關鑽飾系列之訪問。

二千年

再次前往歐洲、美國勘察風水，並首次前往紐約，同年 masterso.com 網站正式成立，並接受多本雜誌訪問關於網站之內容形式，及接受校園雜誌《Varsity》、日本之《Marie Claire》、復康力量出版之《香港 100 個叻人》、《君子》、《明報》等雜誌報章作個人訪問。同年首次推出第一部風水著作《蘇民峰風生水起（巒頭篇）》、第一部流年運程書《蛇年運程》及再次推出新一系列關於風水之五行鑽飾，並應無線電視、商業電台、新城電台作嘉賓主持。

〇一年

再次前往歐洲勘察風水，同年接受《南華早報》、《忽然一週》、《蘋果日報》、日本雜誌《花時間》、NHK 電視台、關西電視台及《讀賣新聞》之訪問，以及應紐約華語電台邀請作玄學節目嘉賓主持。同年再次推出第二部風水著作《蘇民峰風生水起（理氣篇）》及《馬年運程》。

〇二年

再一次前往歐洲及紐約勘察風水。續應紐約華語電台邀請作玄學節目嘉賓主持，及應邀往香港電台作嘉賓主持。是年出版《蘇民峰玄學錦囊（相掌篇）》、《蘇民峰八字論命》、《蘇民峰玄學錦囊（姓名篇）》。同年接受《3週刊》、《家週刊》、《快週刊》、《讀賣新聞》之訪問。

〇三年

再次前往歐洲勘察風水，並首次前往荷蘭，續應紐約華語電台邀請作玄學節目嘉賓主持。同年接受《星島日報》、《東方日報》、《成報》、《太陽報》、《壹周刊》、《一本便利》、《蘋果日報》、《新假期》、《文匯報》、《自主空間》之訪問，及出版《蘇民峰玄學錦囊（風水天書）》與漫畫《蘇民峰傳奇1》。

〇四年

再次前往西班牙、荷蘭、歐洲勘察風水，續應紐約華語電台邀請作風水節目嘉賓主持，及應有線電視、華娛電視之邀請作其節目嘉賓，同年接受《新假期》、《MAXIM》、《壹周刊》、《太陽報》、《東方日報》、《星島日報》、《成報》、《經濟日報》、《快週刊》、《Hong Kong Tatler》之訪問，及出版《蘇民峰之生活玄機點滴》、漫畫《蘇民峰傳奇2》、《家宅風水基本法》、《The Essential Face Reading》、《The Enjoyment of Face Reading and Palmistry》、《Feng Shui by Observation》及《Feng Shui — A Guide to Daily Applications》。

〇五年始 應邀為無線電視、有線電視、亞洲電視、商業電台、日本NHK電視台作嘉賓或主持，同時接受《壹本便利》、《味道雜誌》、《3週刊》、《HMC》雜誌、《壹週刊》之訪問，並出版《觀掌知心（入門篇）》、《中國掌相》、《八字萬年曆》、《八字入門捉用神》、《八字進階論格局看行運》、《生活風水點滴》、《風生水起（商業篇）》、《風生水起（例證篇）》、《風生水起（巒頭篇）》、《如何選擇風水屋》、《談情說相》、《峰狂遊世界》、《瘋蘇Blog Blog趣》、《師傅開飯》、《蘇民峰美食遊蹤》、《A Complete Guide to Feng Shui》、《Practical Face Reading & Palmistry》、《Feng Shui — a Key to Prosperous Business》、五行化動土局套裝、《相學全集》（一至四）、《八字秘法》（壹、貳）、《简易改名法》等。

蘇民峰顧問有限公司
電話：2780 3675
傳真：2780 1489
網址：www.masterso.com
預約時間：星期一至五（下午二時至七時）

自序

這書把我從一九八二年始至目前為止，期間初學八字時的入門方法、所做的例子、在報章、雜誌的投稿，全部一一整理列於此書上，不論有用的、沒用的，也不去篩選，看看各位讀者能否從我當初學習傳統八字的路，慢慢轉移到寒熱命之路。

此書內容除了八字之外，尚有神煞和文王卦講義、世界風水、風水雜論及一些其他零碎的資料。

此書完後，就只剩「蘇民峰寒熱命論」了。

蘇民峰

目錄

第四章　八五年始至二千年間的雜誌投稿

第五章　世界風水（一九九四至一九九六年在雜誌連載）

應用篇

第三章

神煞篇

神煞為古代算命常用之法，多以年柱為主，且多看納音五行。近代雖仍有些學命者用之，實因方便且不用思考而已，尤其初學者更好之。

筆者算命，甚少用神煞，最常用者是「驛馬」及「桃花」，偶然亦會看「天乙貴人」、「沐浴」、「紅鸞」、「天喜」、「紅艷」，其他如「華蓋」、「將星」、「亡神」、「劫煞」、「喪門」、「吊客」等等，根本不會去計算。

一・天乙貴人

- 日元帶貴人——一生有貴人扶助。
- 食傷帶貴人——增加下屬、晚輩之助力，亦有利文章和創作。
- 財帶貴人——一生絕處逢生，易得財利。
- 官殺帶貴人——有利升遷，掌權。
- 印帶貴人——一生能得長輩、上司扶助。
- 天干四字皆帶貴人——入貴格，一生衣食豐足。
- 日元用神帶貴人——亦能提升格局。

天乙貴人——以日干看地支

訣：甲戊庚牛羊，乙己鼠猴鄉，
丙丁豬雞位，壬癸兔蛇藏，
六辛逢馬虎，此是貴人方。
（辰戌為天羅地網，貴人不居）

日干 / 地支 / 貴人	陰貴	陽貴
甲	丑	未
乙	子	申
丙	亥	酉
丁	酉	亥
戊	丑	未
己	申	子
庚	丑	未
辛	午	寅
壬	巳	卯
癸	卯	巳

註：不用細分陰貴陽貴，有貴人便可。

【貴人組合】

一、天地相合：

日元
甲子
己丑

天地相合，是最有力之貴人組合。

二、天合地不合：

日元
甲子
己未

天合地不合，是次等之貴人組合。

三、地合天不合：

日元	
甲子	
× ——	
乙丑	

地合天不合，是再次等之貴人組命。

四、天地皆不合：

日元	
甲子	
× ×	
乙未	

天地皆不合，是最次等之組合。

自坐貴人：

癸卯日
癸巳日
丁亥日
丁酉日

自坐貴人星，一生能得異性之助，自身亦佳。

【天乙貴人參考例子】

例一——袁世凱

	日元		
丁	丁	癸	己
未	巳。	酉。	未

日元與格局用神皆為對方之貴人，能提升格局。

例二——孫中山

	日元		
壬	丁	丁	乙
寅	酉	亥	丑

自坐貴人，比劫帶貴人，得朋友、平輩之助。

例三——毛澤東

	日元		
甲	丁	甲	癸
辰	酉	子	巳

日元與格局用神皆自坐貴人。

例四——劉庸

		日元	
甲	丙	己	甲
子	寅	丑。	子。

日元與用神相合，地支為雙方貴人亦相合，此乃為最好的貴人排列。

例五——左宗棠

		日元	
壬	辛	丙	庚
申	亥。	午。	寅。

日元合財，各坐對方貴人，天合地不合，亦算不錯。

例六——僅財政部長

		日元	
戊	庚	己	甲
寅	申	丑	子

日元與用神相合，地支帶貴人亦相合。

例七——僅護理府篆

		日元	
辛	甲	甲	辛
未	午	午	未

日元與用神帶貴人，地合天不合亦佳。

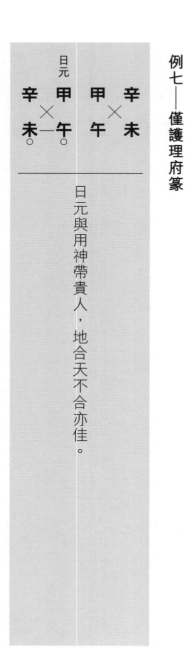

例八——明成祖

庚	辛	癸（日元）	辛
子	巳。	酉	酉

普通之帶貴人格局。

例九——有錢人太太

己	癸	丁（日元）	辛
丑	酉。	卯。	丑

（癸 × 卯、丁 × 酉）

日元與官殺帶貴人，但天地皆不合。

例十——掌權女性

	日元		
丙	癸	己	丁
辰	卯。	酉。	亥

自坐貴人，月令為貴人，財帶貴人。

例十一——旅行社東主

	日元		
己	乙	庚	丙
卯	丑。	子。	戌

日元及格局用神帶貴人，且天地皆相合。

二・天德、月德

命帶天德、月德者，見之逢凶化吉，皆因報復心不重，招災難之事自少，非真逢凶化吉，乃心慈而少怨恨而已。

天德貴人——用月支看天干、地支

訣：正丁二坤中，三壬四辛同，五乾六甲上，

七癸八艮逢，九丙十居乙，子巽丑庚中。

月支 ＼ 干支 ＼ 貴人	天德
寅	丁
卯	申 坤（申）
辰	壬
巳	辛
午	亥 乾（亥）
未	甲
申	癸
酉	寅 艮（寅）
戌	丙
亥	乙
子	巳 巽（巳）
丑	庚

月德貴人——用月支看天干

月支（貴人）	月德（天干）
寅	丙
午	丙
戌	丙
亥	甲
卯	甲
未	甲
申	壬
子	壬
辰	壬
巳	庚
酉	庚
丑	庚

- 凡命帶二德，其人愷悌慈祥，待人至誠仁厚。
- 殺帶天月德，明敏果決而仁厚。
- 食傷帶天月德，聰明秀慧而仁厚。
- 印帶天月德，素食慈心，良以秉性慈祥。
- 二德者，天德為重，月德次之，臨財官印綬，加一倍福力，日干就是大吉。大抵天月二德，關於人之性情居多，謹慎誠懼，待人誠厚，兇險之事自少，非逢凶化吉也。

例一——

乙未
己丑
庚午（月德）
丙戌（杀）

獨殺為權，不居人下。用殺者，性情明敏而果決；月令印綬，日主臨天月德，故明決之中，極端仁厚，明知吃虧而願吃虧，寧人負我。古道可風。

例二——

丙午
庚寅
丁酉（日元）
壬寅

官星為用，謹守規矩；丁壬淫暱之合，淫暱者，平易近人，即俗語所謂「隨隨便便也」；月令印綬，日主臨天月德，故其人平和、守規矩而仁厚。

例三——

壬辰	甲辰	辛未（日元）	壬辰

傷官主聰明，洩耗太過則巽懦；月令印綬而傷官帶天月德，故巽懦而仁厚。

例四——

辛巳	壬辰	壬申（日元）	戊申

時透七殺，性情明決；日主臨天月德，又逢印綬，所謂素食慈心是也。

例五——

丙申
壬辰
壬辰（日元）
丙午

印星為用，日主臨天月德，財露見比劫，主剝耗重，財氣雖旺，用財散漫；所好者帶二德，有仁厚之風。

例六——

壬辰
壬子
乙未（日元）
丙戌

印帶天月二德，素食慈心，秉性慈祥，好敬神佛。

例七——

辛巳
癸巳
庚午（日元）
戊寅

日主及比劫帶天月德，為人仁厚，有君子之風。

例八——

戊戌
辛酉
壬子（日元）
庚戌

印帶月德，為人心慈，表面大膽，實謹慎誠懼。

例九——

己	丁	庚 (日元)	乙
亥	丑	申	酉

日主逢天月二德，為人仁厚，表面大膽，實謹慎誠懼。

三・咸池桃花

咸池乃桃花星，然為霧水，易聚易散，但此桃花有利人緣，尤其對於工作性質經常要接觸陌生人者最有利。命中顯現，則一生常有霧水情緣，人緣亦佳。大運、流年遇上，則對那段時間有影響。

年支／地支／桃花	咸池
寅	卯
午	
戌	
亥	子
卯	
未	
申	酉
子	
辰	
巳	午
酉	
丑	

咸池，即桃花煞，俗之所謂桃花；若帶劫殺，名桃花煞。倒插桃花，即卯在年，而其他三支為寅午戌。遍野桃花，即地支滿是：子、午、卯、酉。

子午卯酉佔中天，咸池羊刃煞相連；甲庚壬丙人相遇，慷慨風流醉管絃（喜藝術）。

例一——

時	日	月	年
丁	甲（日元）	辛	丙
卯	辰	㊞卯（羊刃）（咸池）	寅

甲辰旬中寅卯空亡，空亡又名天中。寅午戌年咸池在卯，咸池、羊刃相連，個性慷慨風流，喜歡藝術。

例二——女命

時	日	月	年
丙	乙（日元）	甲	辛
子	未	㊀午（咸池）	丑

四・紅艷桃花（紅艷煞）

紅艷桃花亦是桃花星的一種，但此桃花不甚重，一般以霧水情緣居多。

日干	地支（紅艷桃花）
甲	午
乙	申
丙	寅
丁	未
戊	辰
己	辰
庚	戌
辛	酉
壬	子
癸	申

多情多慾少人知，六丙逢寅辛見雞；
癸臨申上丁見未，眉開眼笑樂嬉嬉；
甲乙午申庚見戌，世間只是眾人妻；
戊己怕辰壬怕子，祿馬相逢作路妓；
任是富家官宦女，花前月下亦偷情。

例一——女命

	日元		
丁	癸	乙	甲
巳	未	亥	申
			（紅艷）

例二——女命

	日元		
乙	甲	丁	甲
亥	申	丑	午
			（紅艷）

五・沐浴桃花

沐浴桃花為最重的桃花，沐浴為日元最柔弱之時，即是抵抗力最弱的時候，遇上桃花必無可抗拒。此桃花比「紅鸞」、「天喜」還重。

日干	桃花地支（沐浴）
甲	子
乙	巳
丙	卯
丁	申
戊	卯
己	申
庚	午
辛	亥
壬	酉
癸	寅

例一——女命

年	月	日元	時
丁	**辛**	**乙**	**庚**
酉	**亥**	**巳**（沐浴）	**辰**

例二——女命

		日元	
辛	庚	庚	壬
丑	寅	寅	午（沐浴）

（日元庚→午）

例三——女命

		日元	
辛	己	甲	丙
卯	亥	寅	寅

庚	辛	壬	癸	甲
子（沐浴、紅鸞）	丑	寅	卯	辰

六・桃花劫

桃花劫又稱倒插桃花，筆者不常用。

月支	日支	時支
寅	巳	寅
卯	酉	
辰	丑	
巳	申	巳
午	子	
未	辰	
申	亥	申
酉	卯	
戌	未	
亥	寅	亥
子	午	
丑	戌	

七・紅鸞、天喜

卯起紅鸞逆數通，要知天喜是對沖。如子年出生，卯為紅鸞，酉為天喜。

紅鸞、天喜皆正桃花，代表容易結識可長遠發展之伴侶，亦有婚嫁機會。兩者以紅鸞為重，天喜次之。

年支 地支 桃花	紅鸞	天喜
子	卯	酉
丑	寅	申
寅	丑	未
卯	子	午
辰	亥	巳
巳	戌	辰
午	酉	卯
未	申	寅
申	未	丑
酉	午	子
戌	巳	亥
亥	辰	戌

例一——女命

年	月	日元	時
甲	丁	甲	乙
午（紅艷）	丑	申	亥

6	16	26	36	46
丙子（沐浴）	乙亥	甲戌	癸酉	壬申

一九七二壬子——沐浴桃花
一九七五乙卯——天喜桃花
一九八四甲子——沐浴桃花

例二——男命

巳	劫	日元	印
癸	甲	乙	壬
卯	寅	巳	午
祿	劫	傷	食

9	19	29	39	49	59
癸丑	壬子（19 壬戌；24 丁卯）	辛亥	庚戌	己酉	戊申

壬子運，甲子年，紅鸞星動，當年結婚。

例三——女命

官	傷	日元	卩
甲	**庚**	**己**	**丁**
午	**午**	**亥**	**卯**
卩	卩	財	杀

2	12	22	32	42
己巳	**戊辰**	**丁卯**	**丙寅**	**乙丑**

酉為紅鸞，卯為天喜。原局時為卯，中年以後桃花仍旺；大運卯則該五年桃花極重；流年遇酉、卯，亦為桃花之年。

八・華蓋

華蓋為孤獨之星，但有利藝術創作，其星只能作參考，不能盡信，筆者亦很少用。

以下所説，時逢華蓋，一生不產，絕不正確，其他亦不可信。

- 華蓋主要的意義是聰明而孤獨，即富貴亦然。
- 華蓋為藝術之星。
- 華蓋逢空，偏宜僧道。
- 華蓋臨身，定為方外之人，留心於蓮社蘭台，容膝於蒲團竹偈。
- 華蓋星辰兄弟寡，天上孤高之星也，生來若在時與胎，便是過房庶出者。
- 日犯剋妻。
- 凡命時坐華蓋，主平生歇滅。壬癸人尤忌，主老年喪子。
- 女命時逢，一生不產。
- 墓庫逢華福壽基，六親孤剋似華夷，日妻時子分輕重，官不封侯定可知。

例一——

神煞 地支 年支	華蓋
寅午戌	戌
亥卯未	未
申子辰	辰
巳酉丑	丑

甲戌　甲戌　己未（日元）　甲戌

此命是墓庫逢華蓋，主享福壽，但未免剋父母、刑妻子；剋我重者，合我輕者，為官不至封侯。甲戌納音為火，戌為火庫，為墓庫，逢華蓋。

日中羊刃兼華蓋，只利妻先嫁一人，卒急寒房方免禍，貌如太美便風聲。

六己生人見未日，若己亥、己卯、己未人得之准上文。己未年生的人逢己未日是對的。

例二——修道之士

		日元	
壬辰	壬子	乙未	丙戌

例三——女命，信奉觀音

		日元	
戊戌	癸亥	庚戌	辛巳

例四——女命，藝術界

時	日元	月	年
庚	壬	辛	戊
戌	子	酉	戌

例五——修道之士

時	日元	月	年
辛	丁	辛	辛
丑	巳	丑	丑

例六——女命，藝術界

		日元	
乙	乙	辛	癸
丑	酉	酉	巳

例七——男命，信佛

		日元	
辛	辛	辛	己
丑	丑	酉	丑

九・將星

將星並無獨立用處，加分而已，但究竟實際有多大作用，筆者也不確定。

年支／地支	將星
寅午戌	午
亥卯未	卯
申子辰	子
巳酉丑	酉

古歌云：「將星文武兩相宜，祿重權高足可知。」會吉則吉，會凶則凶。

例一——師父，門徒甚眾

壬辰
壬子。
日元 **乙未**
丙戌

將星為印。

例二——

丁亥
己酉
（日元）癸卯。
丙辰

將星為食神。

例三——博士

戊子
甲子。
（日元）壬辰
辛丑

將星為羊刃。

十・驛馬

命帶驛馬，一生常動；運帶驛馬，則那十年常動，且有移民可能；流年驛馬，則那年容易遷移外出，逢沖則動象更為明顯。

神煞／地支／年支	將星
寅	申
午	
戌	
亥	巳
卯	
未	
申	寅
子	
辰	
巳	亥
酉	
丑	

《子平約言》云：「人命吉神為馬，大則超遷之喜，小則順動之利。凶神為馬，大則奔蹶為患，小則馳逐之勞。逢沖譬之加鞭，遇合等於掣足，行運流年亦然。然皆比擬如此，非真有驛馬之驛，車馬之馬。」

《燭神經》云：「驛馬生旺，主人氣韻凝峻，通變趨時，平生多聲望。死絕則為性有頭無尾，或是或非，一生少成，漂泊不定。與祿同鄉，則福力優游。與煞相衝併，或孤神吊客喪門併者，離鄉背井之人，或為僧道，或為商賈。帶倒食祿鬼者，一生慳吝，機倖過賤，市廛態。與食神衝併者，聲謦人也。行年遇馬與病符同，主病驚。與官符同，主官事驚恐。入宅舍，主口舌驚恐，但以歲中吉凶言之。」

例一——女命

甲午	
丁丑	
日元 甲申	殺帶驛馬。
乙亥	

例二——

		日元	
乙	戊	壬	戊
酉	寅	戌	申

6	16	26
丁	丙	乙
丑	子	亥

丁巳流年，驛馬逢沖，到遠方避禍。

例三——女命

		日元	
戊	辛	壬	庚
戌	酉	子	戌

8
庚申
13

甲寅年沖驛馬，到外國讀書。

例四——

		日元	
辛丑	辛丑	丁巳	己丑

5	15
庚子	己亥

亥運到台灣工作。

例五——女命

		日元	
己亥	丙子	庚辰	丁亥

5	15
丁丑	戊寅

一九七七丁巳年去美國。

例六——女命

戊寅
甲寅
壬申（日元）
庚子

一生常赴海外，子女都在外國讀書。

十一・亡神、劫殺

亡神和劫殺都是筆者不常用的神煞，以下只可作參考而已。

又亡神、劫殺，喜沖忌合，合則易生禍事。詩云：「亡劫不宜真六合，有合還宜有貴人，不遇貴人兼剋主，他不殺人人殺身（人不傷我我傷人）。」故亡劫切不宜合，亦不宜剋主。

劫殺又名官符、大煞；劫殺者，自外劫之。亡神者，自內失之。古歌云：「劫殺為災不可擋，徒然奔走名利場。亡神入命禍非輕，用盡機關心不寧。

亡神

- 亡神七殺禍非輕，用盡機關一不成，剋子刑妻無祖業，仕人猶恐有虛名。
- 合宮若也值亡神，須是長生遇貴人，時日更兼天地合，匪躬蹇蹇作王臣。
- 皆計七殺是亡神，莫道亡神為禍輕，身命若還居此地，貧窮蹇滯過平生。

- 凶星惡曜如臨到，大限運如履薄冰，三合更須明審察，煞來災拱必難行。

劫殺

- 劫殺為災不可擋，徒然奔走名利場，須防祖業消亡盡，妻子如何得久長。
- 四位逢生劫又來，當朝振業逞儒魁，若兼官貴在時上，梗直名標御史台。
- 劫殺包裹遇官星，主執兵權助聖明，不怒而威人仰慕，須令華廈悉安榮。
- 劫殺原來是煞魁，身官命主不須來，若為魁局應當死，煞曜臨之不必猜。若是無星居此位，更於三合細推排，天盤加得凶星到，命似風燈不久摧。

神煞 地支 年支	亡神	劫殺
寅	巳	亥
午		
戌		
亥	寅	申
卯		
未		
申	亥	巳
子		
辰		
巳	申	寅
酉		
丑		

例一——（古法算命以年柱為主）

	壬戌
	癸卯
日元	己亥（劫殺）
	己巳（亡神）

雖不合，卻有己之陰土，剋壬之陽水，地支逢沖，故主凶，遭斬首。

例二——

年柱	丁巳
	壬申（亡神）

天干地支之合，合起巳刑申，酒色破家。

命宅、祿宅逢亡神、劫殺再逢沖，會火燒家園，或吃官司大大破財。

年支對沖的前一位為命宅，後一位為祿宅。

例三——

	辛酉
	壬辰
日元	**壬寅**（命宅）沖
	戊申（劫煞）

富貴不久，火燒其居，因官訟賣盡田園離鄉別祖。

例四——

	辛巳		
	辛丑	45	**丙申**
日元	**庚申**	55	**乙未**
	辛巳		

申運，亡劫重合，然從革格至申，縱是本身旺地，亦遭縲絏之災。乙運，乙庚作合，群劫爭財；己卯年正月被刺殞命，年五十九。

例五——

辛巳
壬辰
日元 辛卯
庚寅

48 丁亥
58 丙戌

辛金生於三月，支見寅卯辰，財旺成方。春金氣弱，更見壬水洩之，雖月令正印當旺，只能用劫。亥運驛馬，與庚寅劫殺相合，戊寅年歲運又合，乘飛機死難，年五十八。

例六——

壬申
丁未
日元 辛巳
庚子

戊申
己酉
庚戌
辛亥

亥運，戊申年，亡劫亡。

例七——

	日元		
丙	壬	辛	壬
午	午	亥	申

62	52	42	32	22	12	2
戊	丁	丙	乙	甲	癸	壬
午	巳	辰	卯	寅	丑	子

午運，戊寅年，犯太歲合起亡劫而亡。

例八——

	日元		
庚	丁	丁	壬
戌	未	未	午

40	30	20	10
辛	庚	己	戊
亥	戌	酉	申

亥運，丙寅年，亡劫合而亡。

十二・孤神、寡宿

書云：男忌孤辰，女忌寡宿。

劫孤二煞怕同辰，隔角雙來便見迍，丑命見寅辰見巳，戌人逢亥未逢申，初年必主家富豪，中主賣田刑及身，喪子喪妻還剋父，日時鬪湊不由人。

丑見寅為例，謂之劫帶孤辰，主刑剋孤貧，僧道九流人庶幾。

- 生旺稍可，死絕尤甚。
- 驛馬併，放蕩他鄉。
- 空亡併，幼少無倚。
- 喪吊併，父母相繼而亡，一生多逢重喪疊禍，骨肉伶仃。
- 陽以孤神為重，陰以寡宿為重。

	孤神	寡宿
子	寅	戌
丑	寅	戌
寅	巳	丑
卯	巳	丑
辰	巳	丑
巳	申	辰
午	申	辰
未	申	辰
申	亥	未
酉	亥	未
戌	亥	未
亥	寅	戌

例一——

癸未

庚申（孤）

日元 **丙申**（孤）

己亥

中年退散。

喪身遠配。

例二——

年	己未
日	壬申（孤）
	〇

申，天乙貴人

卻有貴人不妨。
但剋父母無子。

註：古法論命以年柱為主，劫孤帶貴長生兼，便主威權福壽全，若不長生逢貴氣，也應白手置莊田。

十三・喪門、吊客

一名橫關煞，取命前二辰為喪門，命後二辰為吊客，其或太歲凶煞，併臨大小運限，必主禍。

古詩云：五官則橫關也。

古歌云：橫關一煞少人知，月祿凶神又及時，縱有吉星重疊至，不遭刑戮也傾危。

- 命前二辰為喪門，命後二辰為吊客。
- 本日歲神犯之，主喪服、哭泣，輕者主損遠親。

年支 / 地支 / 神煞	喪門	吊客
子	寅	戌
丑	卯	亥
寅	辰	子
卯	巳	丑
辰	午	寅
巳	未	卯
午	申	辰
未	酉	巳
申	戌	午
酉	亥	未
戌	子	申
亥	丑	酉

例一——

辛丑
辛丑
戊寅（孤）日元
乙卯（喪）

少與親離（為人養子）。

例二——

癸巳
乙卯（吊）
己未（喪）日元
庚午

少與親離。

例三——

戊申（吊）	日元 壬辰	己亥（孤）	丙戌

少與親離。

十四・德秀

聰明無非德秀。

凡人命中得此德秀，無破沖剋壓者，賦性聰明，溫厚和氣；若遇學堂，更帶財官主貴，沖剋減力。

月令	德	秀
申子辰	戊己壬癸	丙辛甲乙
亥卯未	甲乙	丁壬
巳酉丑	庚辛	乙庚
寅午戌	丙丁	戊癸

十五・十靈日

聰明秀氣。（六十甲子有十天，即六人有一人是，我想不甚靈。）

- 甲辰
- 乙亥
- 丙辰
- 丁酉
- 戊午
- 庚戌
- 庚寅
- 辛亥
- 壬寅
- 癸未

十六・文昌

甲乙巳午報君知，丙戊申宮丁己雞，庚豬辛鼠壬逢虎，癸人見兔入雲梯。

日干 ＼ 地支 ＼ 神煞	文昌
甲	巳
乙	午
丙	申
丁	酉
戊	申
己	酉
庚	亥
辛	子
壬	寅
癸	卯

其實日干地支見食神而已，火見土食神不甚流通，無聰明可言，故丙丁變成見申酉。

十七・陰陽差錯煞

女子逢之，公姑寡合，妯娌不足，夫家冷退。男子逢之，主退外家，亦與妻家是非寡合。

其煞不論男女，月日時，兩重或三重犯之，極重，只日家犯之尤重，主不得外家之力。縱有妻財，亦成虛花，久後仍與妻家為仇，不相往來。

陰錯陽差理更微，桃花帝旺莫相隨，惹起官司因婦女，不因外祖便因妻。

- 丙子　　・丙午
- 丁丑　　・丁未
- 戊寅　　・戊申
- 辛卯　　・辛酉
- 壬辰　　・壬戌
- 癸巳　　・癸亥

例一——

甲辰　　　1 乙亥
丙子○　　11 甲戌
日元 癸巳○　21 癸酉
己未　　　31 壬申

例二——

己巳
甲戌
日元 丙午○羊刃（咸池）
乙未

十八・天羅地網（辰為天羅，戌為地網）

例一——

		日元	
甲申	甲戌	辛未	丙申

己卯	庚辰

印多死絕症。

例二——

		日元	
乙酉	庚辰	甲寅	癸酉

己卯	戊寅	丁丑	丙子	乙亥	甲戌

丙戌年（亡）

十九・三煞

三煞即劫煞、災煞、庫殺，三殺會齊，凶，有災厄。

年日支 地支 神煞	劫煞	災煞	庫煞
亥卯未	申	酉	戌
寅午戌	亥	子	丑
巳酉丑	寅	卯	辰
申子辰	巳	午	未

例一

傷	日元 傷	傷	杀
丙	**乙**	**丙**	**辛**
戌	**未**	**申**	**亥**
財	才	官	印

40	30	20	10 辛酉	0 辛亥
辛丑	**庚子**	**己亥**	**戊戌**	**丁酉**
				5 丙辰

亥年見申酉戌為三煞會齊，凶。酉運三煞會齊，己未年，丁丑月，壬辰日，估計於丑時突然暴斃，三煞會齊加辰戌丑未四沖。

例二

杀	日元	印	傷
乙	**己**	**丙**	**庚**
亥	**丑**	**戌**	**寅**
財	祿	劫	官

56	46 丙子	36	26	16	6
壬辰	**辛卯**	**庚寅**	**己丑**	**戊子**	**丁亥**
	51 辛巳				

丑日，寅卯辰為三煞。辛卯運，庚辰年，三煞會齊而亡。

例三——

財	日元	卩	官
庚	**丁**	**乙**	**壬**
戌	**卯**	**巳**	**申**
傷	卩	劫	財

50	40 壬子	30	20	10
庚	**己**	**戊**	**丁**	**丙**
戌	**酉**	**申**	**未**	**午**
	45 丁巳			

日支卯見申酉戌為三煞。己酉運三煞會齊，丙辰年肝病，死於開刀手術。

二十・隔角煞

凡日支與時支隔一字者即是，例如子日寅時，中隔一字，餘類。

人命值此，主有牢獄之災。

《心鏡賦》云：「隔角相逢犯歲君，徒流定分明。」

二十一・天火煞

此煞取寅午戌全而天干有丙丁，五位中，全不見水者是，有水者非。若年運至火氣生旺處，當防火災。

詩曰：寅午戌全號天火，不見丙丁猶自可，五位者無一水神，生旺臨年災厄火。

二十二・官符煞

取太歲前五辰是。日時遇之，平生多官災，更併羊刃，乃刑徒之命。若官符落天中，多邪誕不實，名妄語煞。

二十三・死符煞

取病符對沖是。月時日犯之，無貴神解救，凶惡短折。

二十四・病符煞

取太歲後一辰是。犯者多疾病，行年遇之亦然。

二十五・陰陽煞

女屬陰而喜陽，命得戊午火為正陽；男屬陽而喜陰，命得丙子旺水為正陰。是陰陽和暢，故男得丙子，平生多得美婦人；女得戊午，平生多逢美男子。日遇得美妻，女得美夫。

大忌元辰、咸池同宮，不論男女皆淫。如男得戊午，多婦人相愛；女得丙子，多男子挑誘，更看有無貴賤消息。

二十六・元辰

陽男陰女，年支對沖前一位，如子年沖午，未為元辰；丑年沖未，申為元辰。

陰男陽女，年支對沖後一位，如子年沖午，巳為元辰；丑年沖未，午為元辰。

人命遇之，主形貌陋樸，面有顴骨，鼻低口大，眼生威角，腦凸臀高，手腳強硬，聲音沉濁。

二十七・帝闕

年支對沖的一字，正好是原命三合會局所缺的一支，謂之虛邀帝闕，主貴。

例——

年	月	日元	時
甲子	〇	寅	戌

午為帝闕

二十八・孤鸞

木火蛇無婿，金豬豈有郎，土猴長獨臥，木虎定居孀。

又：木虎孀無婿，金豬豈有郎，赤黃馬獨臥，黑鼠守空房。

即——乙巳、丁巳、「辛亥」、戊申、「甲寅」、「甲寅」、「辛亥」、丙午、戊午、壬子。

由於有兩日相同，故共八日，此煞以女性為主。

二十九・天財

甲乙逢戊己，丙丁遇庚辛，戊己逢壬癸，
庚辛逢甲乙。命中如遇此，常得貴人扶。

此乃天干透財而已，並無特別。

三十・天福

甲愛金雞乙愛猴，丁豬丙鼠己寅頭，戊尋玉兔庚任馬，
辛癸逢蛇福祿優。此為六甲官星貴，仕人談笑覓封侯。

此乃地支見官星而已，不能就此斷貴。

三十一・金輿祿

甲龍乙蛇丙戊羊，丁己見猴庚犬方，辛豬壬牛癸逢虎，命中遇此福滿堂。

祿前二辰即是，主得妻財。

即——甲在辰，乙在巳，丙在未，丁在申，戊在未，己在申，庚在戌，辛在亥，壬在丑，癸在寅。

三十二・懸針

秘訣云：懸針聚刃，可聽屠沽。八字柱中字形多帶腳，如懸針狀者即是懸針煞，如甲申、辛卯、甲午之類，主一生多受尖利器所傷。

三十三・天掃星

甲逢癸未乙壬午，丙人辛巳丁庚辰，
戊愁己卯加時日，己怕戊寅最可嘆，
庚人丁丑辛丙子，壬遭乙亥定邅迍，
癸怕甲戌為天掃。

時日逢之損六親，且不利婚姻。即年干見日時兩柱，如甲年日時柱見癸未。

三十四・地掃星

金人午未及申鄉，土木龍蛇卯月當，水逢雞犬及亥日，火命牛鼠虎兒鄉。

金命人生五、六、七月，木土命人生二、三、四月，水命人生八、九、十月，火命人生十一、十二、一月。

註：古法神煞以年柱納音五行而定，如甲子、乙丑為「金」，丙寅、丁卯為「火」，戊辰、己巳為「木」，庚午、辛未為「土」，壬申、癸酉為「金」等等。

地掃不利女命，婚姻不順，損家財。

第四章

八五年始至二千年間的雜誌投稿

論命理之真義——知命安命（應寫於八五年）

本人對命理之研究，已有經年，所以甚信人之一生也難逃命之支配，亦即人在五行之中，而無法不受五行影響，而古人之所以要知命，亦由能順天聽命、知命安命而來。非導人迷信也，所以論命之大前提為人人知命，人人得以安命，而不去強求得不到的東西，那麼天下便沒有那麼多紛爭了。

但是本人在書刊上，常見到一些自命為玄學研究者，自命對這方面甚有研究，他們口中亦常談五行生剋、理數吉凶等。但他們所提倡者，竟為由日本流傳到台灣，而再由台灣傳到香港之日本姓名學，可謂可笑之極，而他們所講之五行劃數亦甚可笑，可與台灣新發明之開運印章媲美。

本人並非對姓名學持有偏見，而是體會到人生不是那麼簡單，看看名字好不好，名字凶的改個吉的，名字吉的便一帆風順，名字貴的便貴，名字賤的便賤，名字婚姻不好的便要離婚；如真是這樣，那麼天下人便有救了，每個人都改個好名，做人便簡單得多了。

但可惜命運之真諦不是這樣的，而且我所看見大力提倡姓名學之學者，都是對命運不大了解的，因為他們通常都不懂看命的，極其量他們稍懂一點掌相或面相，至於對命理風水等真正術數便欠奉了。所以在他們替人改名之時，因他們不懂被改名者之命運吉凶，有時碰着他改了名後而剛巧那個人亦開始轉運，他們便以為改名真是可以改變命運了，然而他們可能沒有想到，去看相算命及改名之人，通常都是正處於麻煩之中或正在走衰運的時候，正因他們長期在衰運中，而碰巧運在極衰之中，所謂盛極必衰，衰極必盛，這是永恆之哲理，所以這時命運轉變為必然之事，而姓名學家及被改名之人，他們都沒有考慮到命運之盛衰，及對命運根本沒有絲毫認識的，便誤以為真是改名可以轉運那麼容易，那麼現成了。

又姓名學者所提出之理由來支持姓名學，亦甚可笑，因在芸芸眾生之中，相同劃數之人，多得不可勝數。例如××劃是凶的，他們便在這眾生之中，找尋凶的一群，再在這群人的名字中，找尋相配合之劃數；又例如××劃是吉的，他們便把出身好及富有的一群，再選出來配合吉之劃數，可謂可笑之極。如我們跟他們做同樣的東西，在我們認為吉的劃數去找尋凶的，或在凶的劃數找尋吉的人，我想同樣也多得不可勝數。

我以上所講的東西，並非為針對姓名學而言，而是就我所見的有很多學者，看相的、算命的也好，他們常說能替人改運、改命、過關、避煞，而他們的目是眾人皆知。我想他們又不是上帝，亦不是玉皇大帝，哪來那麼大的本事替人改命運過關煞呢？如真能的話，我想他們還是先替自己改一改，那麼便不用拋頭露面，走江湖替人改命運了。

我想，做人還是腳踏實地，靠自己的本事把握命運，那才是正確知命的真正目的。

論子平法如何看六親（應寫於九十年代初）

部分研究子平之學者，對子平能否準確判斷六親頗有爭議。所以，本人將提出有關例子給各位參考。根據本人經驗，子平之說如能深入研究，便可掌握判斷之法。比如看父母親之有助無助、壽元、是否有兩個母親、看兄弟之排行、妻子之有重、子女之有無等，都是有跡可尋的。

當然，不是每個人都能看出全部的，再加上各家學者自封門戶，每發現一種看六親方法，便視為秘訣，不會公開示人，以致子平看六親之法，終不能成為一套有系統之理論。

筆者看六親雖不是很到家，但法門卻懂得不少。以看父親為例，八字中以財為父、以及用月柱為父母，都可以交互相用。部分人認為日干遇伏刑而喪父（即天干比劫奪財），我認為如果全局無財或財旺者則根本不怕。看父親壽元可參考下列例子：

例一——男命

戊子 丙辰 戊子（日元） 辛酉

丁巳 戊午 己未 庚申 辛酉 壬戌

此男命以財（子水）為父，大運逢午沖子，再遇流年丙午，雙雙沖剋子水而父亡。

例二——男命

庚辰 辛巳 壬戌（日元） 辛丑

壬午 癸未 甲申 乙酉 丙戌 丁亥

此局以財（巳火）為父，逢甲申運合去財星，再遇流年辛亥沖剋財星而父亡。

近期有人在書刊中提出，子平以年柱為祖上、月柱為父母、日干為己身及夫妻、時柱為子女之用法，不甚準確，並將下述八字給人批算：

甲寅		乙亥
甲戌		丙子
乙未	日元	丁丑
乙卯		戊寅
		己卯

算命先生說此命應有兄弟三至五個，妻賢淑，無子女。該人指相士用子平法中甲乙木成林，必有兄弟多人；乙日以庚為子、辛為女，時柱為子女歸結，因金死在卯故無子女，但算出結果與事實不符，所以子平斷六親之法不可信。他說如果改用七政四餘之法去推斷，應為剋父之命，無兄弟，妻必先剋，有五子三女，與實際情況一樣。

其實以本人經驗，從上述八字測算，亦可得出真實結果。因為子平法中，以財為父，但局中比劫太旺而財星自刑，再加上第一柱大運乙亥，會合財星，焉有不剋父之理？又人們只知以此劫多寡而定兄弟多少，而不知比劫太旺亦是沒有兄弟的。若論對妻子看法，原局或大運也有徵兆，因此命中比劫奪財加上妻宮相刑，剋妻乃必然之事。

至於對子女之看法，該人只知以官殺為子，而不知此乃古人之看法；古人看八字重財官，命中沒財官，便會巧立名目，把官星刑出、沖出或合住為用。如專食合祿格，庚申時逢戊日，無甲丙卯寅午丁而格成，其實戊日庚申時實為食神生財格，以食神為用，而古人用庚申把乙卯官星合住，因此格用虛不用實，所以忌填實。於是便以合住官星之神來看子女。以上說明以用神看子女之法，古人以官星為子，亦因以官星為用也。

從以上看法，我可以直斷上述命例必然有子，至於子女之數目及何年生男或女，本人則無法推算出來，還望各位前輩賜教。

風水概論（應寫於八十年代末）

現今香港，每個人都知道甚麼叫風水，而且因傳媒之推廣，令部分人都略懂一二，議論紛紛，迷信之極。為甚麼我說他們迷信呢？因為他們根本不了解這門學說，而只是受到某些自居大師的人所影響，而不是深入研究，以致不知吉凶，禍福難辨。其實風水不是短短三言兩語可以解釋，而且亦不是每個學習者都可領悟貫通的，例如有尖角的地方是為尖角沖射（雞咀煞），並不是所有有尖角對着的地方皆不可住人，而是需要有一定的條件和形勢才會發生作用。又有次聽到某風水師在電視被問及何以黑色屬水，他說因北方有一條黑河，故所以然。其實水是無色的，又怎會被當作黑色呢？只因水是在北方（坎），火在南方（離）；水代表陰暗，火代表光明，所以人們以黑色來代表水而已。只看這些例子，就可以說明風水學說很容易因道聽塗說而謬論百出。

至於有部分風水師更誇言風水布局可以令人發達，這更是無稽之談，因為人如果可以憑風水發達，則世上永無窮人。正確地說，風水只是對人起輔助作用，如果你在好運時，又能得風水之助，便使你事半功倍；反之在衰運時，利用風水布局，也可使禍害減低，但歸根究底，發達與否，還是掌握在命運之中，所謂「一命，二運，三風水」是也。

至此，相信讀者已明白為何有人因請風水師擺局後而發達的原因吧！

總而言之，各位如欲研究此門學說，應多些參考各家各派之理論，推敲研究，最重要是實踐驗證，因為紙上談兵而無實際經驗者，不足以成為真正風水師的呢！

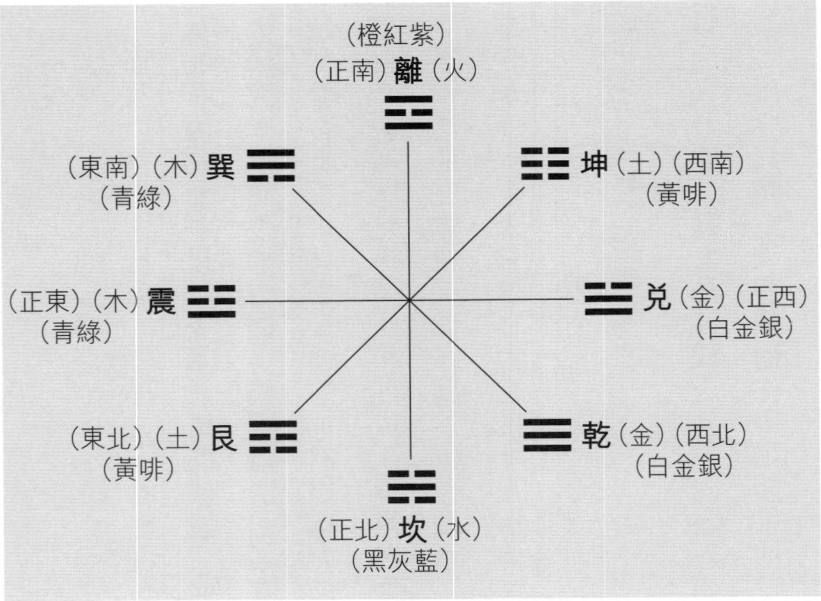

八卦配方位及顏色

鐵版神數與皇極天書（寫於：九四年五月）

最近常常與鐵版神數大師張雲開研究鐵版神數之條文，想將其現代化，使客人易於了解。皇極天書乃宋朝大哲學家邵康節先生所著，所用之句語以宋朝及更早之文字居多；而鐵版神數則是清代時在南方流傳，所用之句語亦以清代以前為多。

所以，現代每位當鐵版神數或皇極天書之執業者，亦愛更改條文內容，以配合現代之用句，使客人易於明白。但因為執業者之術數根底不一，有些以紫微斗數為主，有些以子平命理為主，亦有些以其他術數為依歸，以致每一位執業者都會把條文改為配合自己之用句，使客人易於明白。

在以前，皇極天書只是官紳、學士用來閒談把玩之一種術數，甚少在民間流傳，更遑論用以謀生，所以用語自然典雅而艱深。至於近代用鐵版神數謀生之人逐漸多起來，但所用之語句亦以暗示性為主，例如他們常用之「東岸種松西岸發，南園種杏北園開」，是甚刁滑之句，因可解作在東邊種松發至西岸，南邊種杏而香氣飄至北岸，是大吉大利

總訣：鐵版神數有真訣六十四卦，命數爻乾兌離震是雙卦，巽坎艮坤支中藏

橫是十二神，直行八方位生扶拱合妙選數日月，堪為朱勾虫白青。

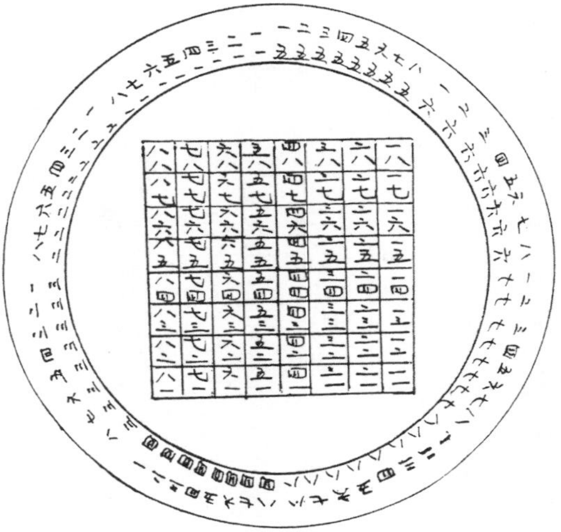

乾＝1
兌＝2
離＝3
震＝4
巽＝5
坎＝6
艮＝7
坤＝8

六十四卦
皇極天書配卦數圖

之句。但反過來説，亦可以解作在東邊種松卻西面發，南邊種杏卻只開在北邊，是徒勞無功之意思。又如納妾之喜，在現代應解作桃花運還是桃花劫呢？又如鐵版神數之五〇二五「官至巡撫而致仕」，在現今解作何等之官職呢？

因此，我便與張雲開大師研究怎樣改變鐵版神數條文之用語，以便配合現代人所用。如一〇九六九「子當入泮」可改作「從容學習智慧日增」；如三六五〇「真假五子一子送老」，何為真假五小呢？以前過繼之情況甚為普遍，而假子即過繼之子，但現在則可能是乾兒子或「買一送一」，即結婚時丈夫或妻子一起帶過來的子女；如三七一五「欽授知縣勤政而愛民」，現代則可能是一個很好的區議員之意思。凡此種種，不勝枚舉，只舉數條以作參考。

至於皇極天書，目前還未有人用以謀生，因為皇極天書用句皆是每條四句，每句七字，且全部押韻，像七言絕詩一般。例如：四五四六「辛亥運程不順通，災殃疾厄不安寧，遂心如意稱稀少，日在雲中總不明」；又如三四五六之「運交壬戌不須愁，十載真能順利謀，正有財源來似水，時來更上一層樓」。

至於鐵版神數與皇極天書之分別，主要在於皇極天書在北方流傳，而鐵版神數則在南方流傳。

起例方面，北派以卦為主，配以卦數如：乾為天，先天卦數為一，即「䷀」，乾卦等於「一一」，而乾卦所尋之事為推斷其人幾刻所生，再配以其人之出生八字，即可得為，例如「一二三一」句為「申時初刻定命元，子水妻木必姓田，兄弟三人身居二，剋去佳人又數年」，即可得出此人為申時初刻出生。

南派則以甲乙丙丁戊己庚辛壬月為用，化作數字如「甲月甲甲庚」得出了「一〇一一四」，得出為「父猴母虎易數先知」，所出句語較簡單且容易明白，所以人們多以南派鐵版神數執業。

本是旺財旺丁，變為損財傷丁（皆因火燒五鬼及財位入廁所所致）（寫於：九四年）

應澳門馬會陳小姐所託，為其朋友看風水。位置在杏花邨某單位。此單位坐西北向東南（坐戌向辰），以飛星計算應為旺財旺丁之局，且中宮為八六當旺之星。

玄空紫白訣云：「八六為文士參軍或則異途擢甲」，因宅主人職業是做水電工程而不是文職，故有相配之象。但可惜大門為二四相剋之局，二為坤為母，四為巽為長女；宅主人只有一女，當是長女，亦是么女，二四相剋當應母女不和，思想不合。主人房為六四相剋之局，六為乾屬金，四為巽屬木，金剋木為金屬所傷之應。廚房為一八相剋之局，當旺之八剋失令之一，八為艮屬土，一為坎屬水，土剋水，主耳病、腎病之應。而女兒房間為三一相生之象，但三一皆為失令之星，三為祿存主爭鬥之星，一為貪狼，當令時為官星，失令時為桃花星，三一同宮當有感情爭鬥之事。

如以八宅法配合飛星法之計算，此局廚房為五鬼，有火燒五鬼之象；火燒五鬼為廚房為凶位，成火燒五鬼之象。
此位屬東方，巽卦，病應手、腳、膽、肝、皮膚之病，主人不利。

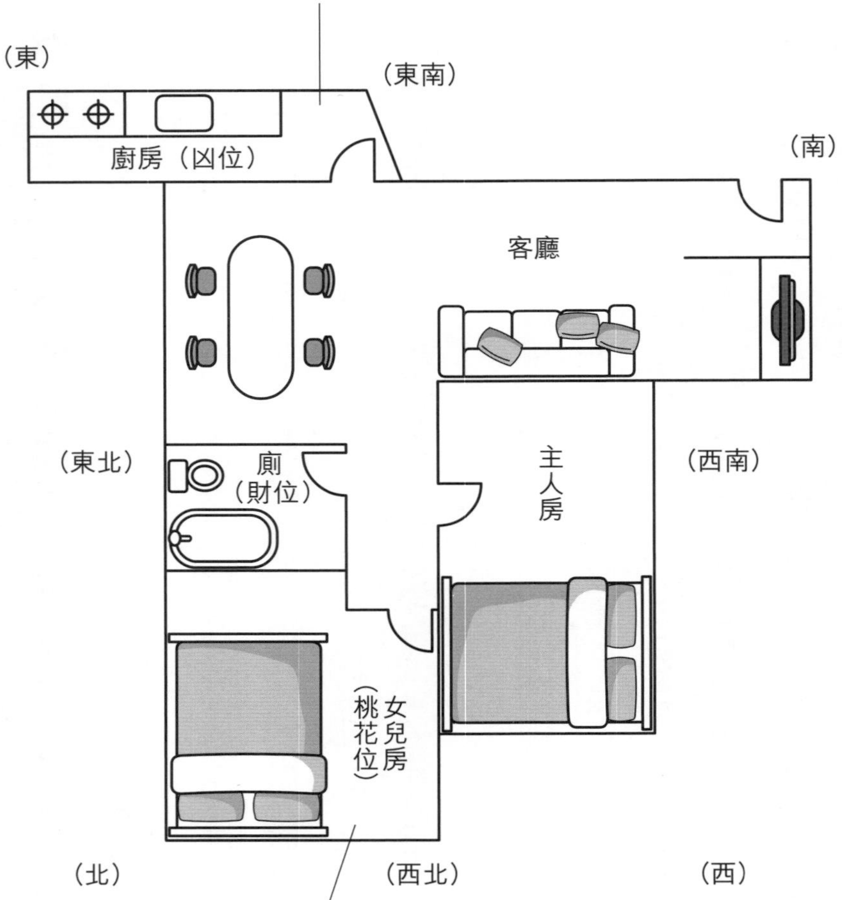

此為女兒房間，因位在桃花位，當有桃花之應。

又女兒每次在家中吃飯後，便會馬上如廁，因此房間屬坎卦，坎屬水；飯廳屬艮卦濕土。水旺土蕩，當有腹瀉及月經病之應。

大凶之事，當應怪病久醫無效之症。又廚房在東方巽卦主事，巽屬木，屬長女、足股、肝、皮膚等，火燒五鬼在巽方當應以上之症，只因在廚房當會影響全家人之身體，對宅主人之影響尤大。至於女兒房間，因位在坎方屬水，飛星一白向星在此方位亦屬水，有水過重之象；水為桃花，亦為腎，當主有月經痛等婦女病；再加五鬼在廚房，所以女兒每次在家吃飯以後，便要馬上因腹瀉要去廁所，但在外面吃飯便沒有此現象出現。

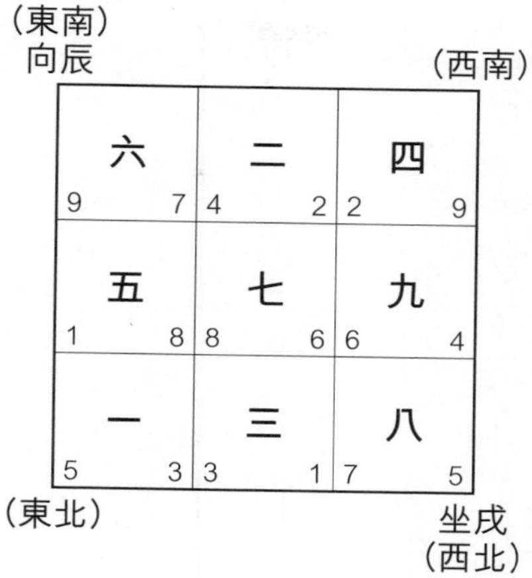

飛星七運坐戌向辰
旺山旺向，旺財旺丁局

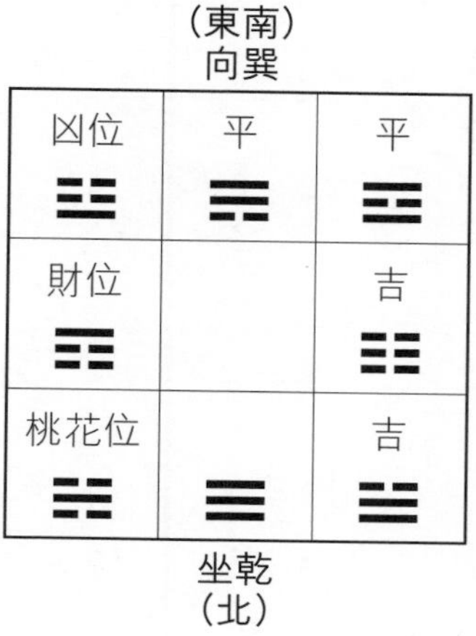

八宅圖

又局中財位落在廁所，而廁所為去水最多之位置，當有漏財之現象。

綜合以上八宅及飛星之配合，本為旺財旺丁之局，但因宅內間格不能配合，以致出現損財傷丁之事，實為可惜；但尤幸大局始終是佳局，所以並無大凶之事發生。

巨星餐廳的風水（寫於：九四年六月，香港最輝煌的年代）

六月一日（星期三），和好友麥德羅相約，參加了某間由荷里活巨星經營的餐廳之酒會。來到會場，即見成龍大哥滿場飛，忙於招呼客人。正想找尋麥德羅，卻迎面碰到《晚九朝五》的導演陳德森，我和他原本就非常「熟落」，他亦經常邀請我客串演出由他導演的電影。

我和陳德森見面的第一句話，就是問他何以如此不夠朋友，竟然不通知我參加酒會？但他說他也是臨時才收到通知的。和他聊了幾句後，我又繼續尋找麥德羅。幾經辛苦，終於在人群中找到了他。我和麥德羅是非常要好的朋友，除了經常一起玩樂外，還經常一起練拳，可說交情甚篤。

之後，我又陸續碰到很多朋友，例如施綺蓮、陳自強、林建明、盧惠光、梅艷芳及張國榮等，場面熱鬧非常。

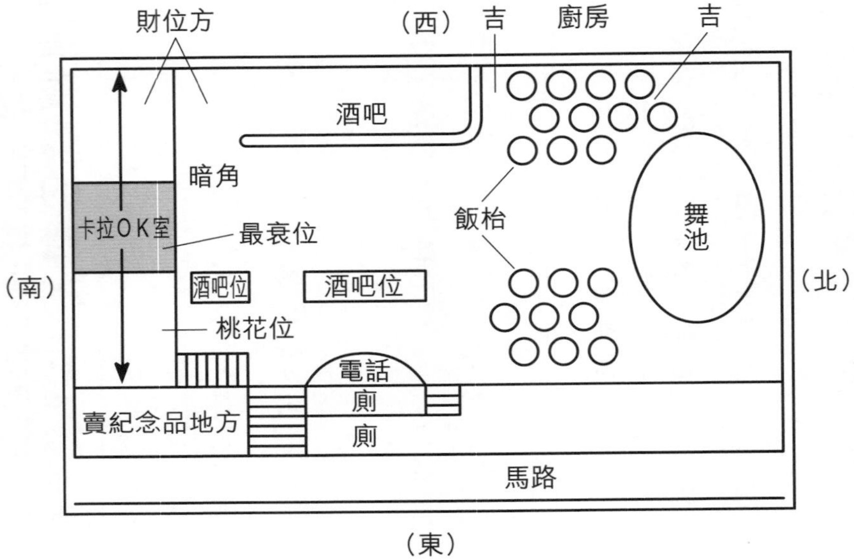
財位方
（西）
吉
廚房
吉
酒吧
暗角
卡拉OK室
最衰位
飯枱
舞池
（南）
（北）
酒吧位
酒吧位
桃花位
電話
廁
賣紀念品地方
廁
馬路
（東）

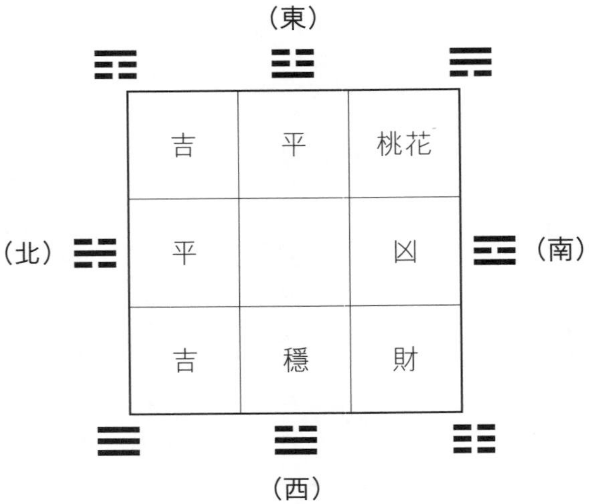
（東）
吉
平
桃花
（北）
平
凶
（南）
吉
穩
財
（西）

這晚我雖然玩得很投入，但我沒有忘記留意那餐廳的風水。

餐廳地下大門朝東，為坐西向東之局。進入後從樓梯直上便到達二樓門口，入門直對着酒吧，左手面有一樓梯可到卡拉OK房間，右手面則是吃飯的地方、舞池及音樂台。

整個大局是入門後左右看通，有空洞的感覺。這種設計，人多的話當然沒問題，但人少的話感覺便不太好了，因為無遮無擋，一看便知客多與否。此局出門口後便直落樓梯，恐有洩財之象，故宜多種植物阻截財星。

一代不如一代（寫於：九四年九月）

本人從事風水命理之研究有二十多年，以此為職業及開班任教亦十年有多。對於風水命理之研究亦由熱切歸於平淡，感覺上是人算不如天算。

雖然萬物皆有定數，但人力始終有限，縱使窮一生之力亦難以完成，而且亦感到現在研究風水命理之學者，有一代不如一代之感覺。

記得多年前我在熱切追尋風水命理之奧秘時，有數個研究術數之會，每月皆會聚集很多人一起研究，雖然是各分門戶，時有爭拗，但對推動術數總有一定之作用。又記得以前從事這行業的人，大都是靠口碑相傳，以實力取勝居多，靠傳播媒介而得名的，數來數去只有林×及林××兩位。

靠宣傳取勝

但是觀看現代從事這行業的人，大都是靠宣傳取勝。雖然時移世易，這做法亦無可厚非，而當中亦有很多是認真研究、下過苦功的人。但更多的是厚顏無恥，互相吹捧或自我吹捧而毫不汗顏的。

早期的不說也罷，因為早期本人在《命相》半月刊已罵過不少。至後來乾脆不看關於命相風水之雜誌，便沒有再投稿了。但由於今年有兩本關於風水命相之雜誌相繼訪問本人，引起本人再追看此類雜誌之興趣。

自創新名詞

誰知不看也罷！看後反而有不平之感覺，因為發覺有三數位術數專欄主筆，每每自吹自擂，說自己怎樣了得，怎樣在機緣巧合之下遇到一些高人指點，學到一些別人無法學到的獨門絕招，更發明一些新名詞，使別人無法得知箇中玄機，無從反駁。

又見他們專欄每期所寫的案例，大都是寫自己懂得甚麼甚麼令人發達之招數，又或者令客人發達之案例。

但奇怪的是，他們從不會提供坐向方位，只是說某宅婚姻面臨破裂，被他一看之後立即妙手回春，夫妻和合。

如以上之講法刊登在他們之廣告內，無可非議，但是寫在雜誌專欄內就有點厚顏無恥了。又他們常說有甚麼甚麼獨門絕招，只有他懂，其他門派都不會懂。莫非他們都是天才，其他學術數的人都是白癡嗎？

風水命理無秘密

其實，以我在這方面研究那麼多年的心得，風水命理根本沒有甚麼秘密可言，極其量是因為各人天分不同，師承不同，從而產生各種不同的化煞或催財辦法。

至於基本理論根本並無秘密可言，甚麼飛星、八宅、玄空、三合、奇門等各家各派，皆有一定的理論。我認為對此有研究的學者，皆可掌握，只是用法因人而異，因派別而異而有所不同。

我想那些故弄玄虛的人，目的只是想別人覺得他與別不同，高人一等；但誰知道在我們這些對術數有認識的人看來，卻產生了「搞笑」的效果，實出他們意料之外。

命運風水配上大運流年，癌症死亡（寫於：九四年九月）

正所謂「一命，二運，三風水」，正好說明了命運與風水之關係，意指本命為一生人之根基，高下在出生時已注定。運是指一生之過程，吉凶亦已判別，所以命運可說是無可改變的。而風水則起着催化作用，如命好運好時，若加上風水之助，可說是勢如破竹；如命不好運亦不利，又無風水之無助時，自然是倍感困難，有頭頭碰着壁之感覺。

但是，各位首先要了解的是，風水並不可以改變命運，而只是起着輔助之作用罷了，並非如那些風水大師所說，風水可以起死回生，由貧變富、改運造命等那麼神奇。

以我從事這行業十多年的經驗，我發覺到，能否找到一位高明的風水師，或是找到一個胸無點墨、信口雌黃的風水師，也是基於客人的運氣，運好時會碰上一位高明的風水師，相反便會碰上一個庸師了。所以可以說，命運控制了人生的大部分，而風水只可以在有限度之下發揮作用。相反地，運所發揮的作用相對地比風水大，因為本人在近幾年，很多時候都會往外地跑，往往發現一些命例如果在香港居住，一定為「小姐」之命，但在外地則不一定，例如以下一個八字：

女命——

時	日元	月	年
丙	**乙**	**乙**	**甲**
寅	**亥**	**亥**	**辰**

65	55	45	35 己卯	25 己巳	15 己未	5 己酉
戊	**己**	**庚**	**辛**	**壬**	**癸**	**甲**
辰	**巳**	**午**	**未**	**申**	**酉**	**戌**

此命造出生於香港，乙木日元生於亥月，水寒木凍，又自坐亥水，年為甲辰，雖説時為丙寅，有太陽照耀且有洩秀之功，但是早行金水官殺之地，如在香港必淪落風塵。

尤幸此造在兩歲時移民至三藩市，然三藩市氣候比香港還要冷，在那邊地運上沒有甚麼幫助，所以依然家庭困苦，父為酒徒而不照顧家庭，但其本人亦不至於淪落風塵。及至她十八歲時毅然一個人走到洛杉磯，一生人才開始有轉機；因為洛杉磯是沒有冬天的，所以在地運上有很大的幫助，自從她去到洛杉磯後，可說是一步三跳，到現在可說是那邊一名做得不錯的地產發展商。

以下是另一個例子，命主因個人命運配合風水形局而引致死亡。

女命——

	日元		
壬	丙	庚	丙
辰	辰	子	戌

50	40 丙寅	30 丙辰	20 丙午	10 丙申	0 丙戌
甲	乙	丙	丁	戊	己
午	未	申	酉	戌	亥

此造丙辰日元生於子月，時為壬辰，月干庚金透出，且月日子辰會水，水旺矣；尤幸年為丙戌，生助日元且有溫暖之功。

這位是我在一九八七年丁卯為其批算八字及風水之客戶。當年她正值行乙未大運丁卯流年，運正當起之時，而且她位於中港城的寫字樓風水形局亦不錯，住宅的坐向又為坐戌向辰旺財旺丁之局，當時我只想到旺人住旺屋，可說非常配合，故只是對她說流年運至辛未年止，壬申年開始要守，從來沒有想到她會在一九九二年壬申得到乳癌，更在一九九三年中過世。

事件發生在一九九二年中，我的另一位住在錦繡花園的客人打電話給我，說他有一位朋友得到癌症，看看可否用風水補救一下。於是我便依時到達他給我的地址，誰知原來她是我的舊客人；因我搬遷了數次，失去我的聯絡地址和電話，所以託朋友找我。

她家的坐向是坐戌向辰，本應是旺財旺丁之局，怎知道流年星五黃、二黑剛好飛到她的廚房及房間裏面，再加上她睡房窗外的另一間房屋因為爭遺產產而空置了數年之久，大部分樹木亦枯萎了，形成煞氣；再加上我研究所得，命犯辰戌丑未多的人易得怪病、怪事，再加上此房子亦為戌辰向，有催化疾病之作用。以下為房子的環境格局：

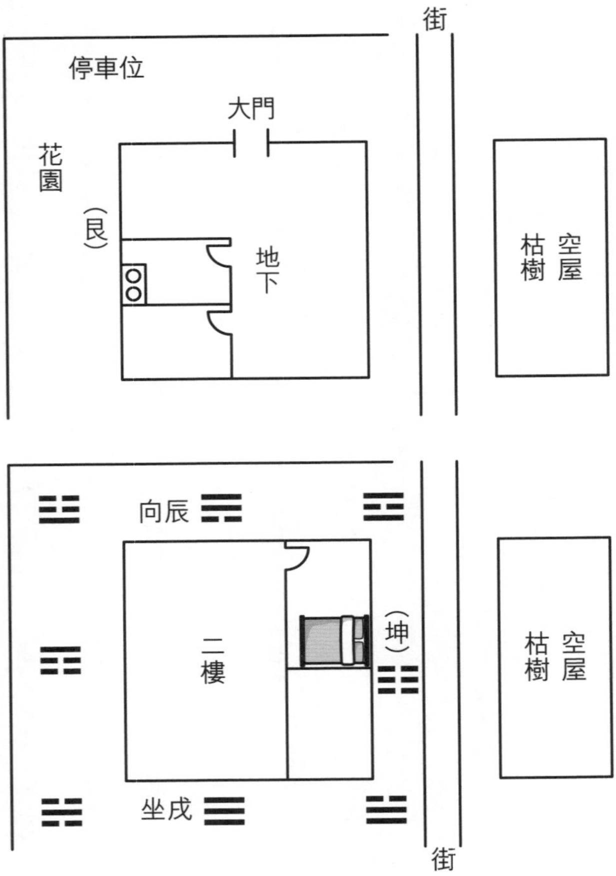

向巽

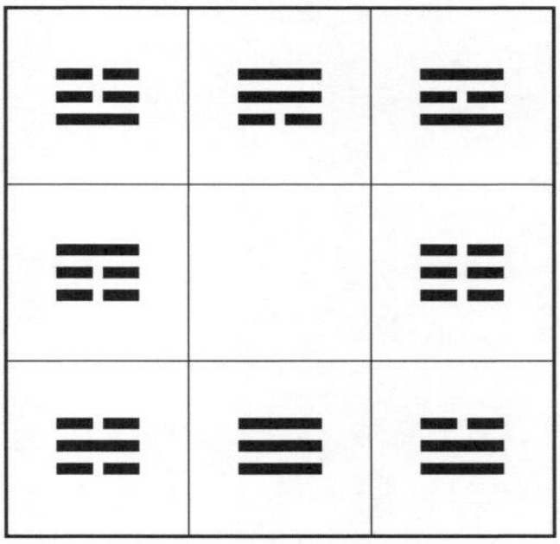

坐乾

八宅圖

向辰

六 9 7	二 4 2	四 2 9
五 1 8	七 8 6	九 6 4
一 5 3	三 3 1	八 7 5

坐戌

七運坐戌向辰，旺財旺丁局

七	三	五
六	八	一
二	四	九

一九九二飛星流年圖

一九九二年，流年二黑飛至艮方與三五同會，二、三為鬥牛煞，二、五為死符病符，二、三更為土木交戰而無救。

五黃飛至坤方與二、九同會，火土相生，生旺五黃而病凶，足以引發命中之疾病。

命造方面，乙未運壬申年，申子辰三合水局，又大運戌未相刑，又因申子辰之會引致辰戌相沖；又壬申年，壬水剋絕丙火，金冰水寒而無救，故而病凶。雖盡力解救，但延至一九九三年中亡。

以下兩造同為癌症病例。

女命——

戊辰	己丑（日元）	癸未	乙未

44	34	24	14	4
戊子	丁亥	丙戌	乙酉	甲申

此造火炎土燥，本以金為洩，無奈金藏丑內，再加未來相沖，金藏且傷，難以為

用。本應病應戌運，辰戌丑未四沖之中，但可能乳癌一般病發期較晚，故應在一九九四甲戌年中，現剛做完切除手術，現仍在世。

男命——

時	日元	月	年
己	**壬**	**己**	**丙**
酉	**寅**	**亥**	**申**

52	42	32 戊辰	22 戊午	12 戊申	2 戊戌
乙	**甲**	**癸**	**壬**	**辛**	**庚**
巳	**辰**	**卯**	**寅**	**丑**	**子**

壬水日元生於亥月，年申時酉，金水為忌，日元自坐寅木，年干丙透有溫暖之功，可惜天干己土兩透，洩火晦火為不足矣。

一九九三年癸酉，癸卯大運又與原局之時辰天剋地沖，形成金木相剋之象；金木相剋，刀傷、車禍在所難免。又大運寅卯辰東方木地，命中月令亥水洩金生木，故金木相剋，木堅金缺，金為胸肺及大腸，故一九九三癸酉年因腸癌入院做切除手術，現仍在世。

以上三造，全靠第一造丙戌年之乳癌個案而引發筆者研究餘下兩造，但目前仍在研究階段，以上看法只供參考而已。

四個女同志命例（寫於：九五年四月）

同性戀八字一般皆為金冷水寒或偏枯的格局，尤以金冷水寒之格局居多。又同性戀又分為先天同性戀和後天同性戀，據筆者經驗所得，男同性戀先天機會比較大，女同性戀則先天後天各佔一半，但可惜看過的男同性戀八字並無存檔，只有數個女同性戀者的八字資料。

例一

乙巳	己卯	壬戌（日元）	甲辰

8	18	28	38	48
庚辰	辛巳	壬午	癸未	甲申

此命壬水日元生於二月傷官當令，年時干甲乙透出，日元自坐戌土，時支辰土，月干己土透出，木土皆旺；日元雖通根辰土，但可惜辰戌相沖，辰中癸水受傷不能為用，格成土木交戰而以火通關。

格局結構雖然不錯，行運亦配合，但生於二月陽氣漸壯，無水潤澤，再加上食傷與官殺成交戰之狀，以女命來講，並非吉兆，且局中呈偏枯之象。

此命造於一九八七年來批算，為一先天同性戀者，早年喪母，因命中無印，於庚辰運辛酉年印星透出，地支逢沖而母逝。父雖有助而緣薄。

運氣方面，一九八六年丙寅年丙申月，在街上與人打架，其後運氣逐漸向好，在丁卯、戊辰年間發展事業，庚午年乘皮褸興起之時，賺錢過百萬港元。這數年間我與她並無聯絡，但她的運途應該已經轉弱，必待流年戊寅以後好轉。

以上命造來批算之時，還攜同其女友一起來批算，以下為其命造：

例二——

時	日元	月	年
丁	戊	戊	己
巳	午	辰	酉

8	18	28	38	48
己巳	庚午	辛未	壬申	癸酉

此命戊土日元生於辰月比劫當令，又日元自坐午火，時為丁巳，年月戊己透出，火土旺矣，必以年支酉金為用，格成建祿格用食傷生財。但可惜局中食傷不透，癸水力弱，再加命中火土旺，有逼乾癸水之象，以致燥土難以生金。加上運行南方火地，更有助火剋金之象而成火炎土燥偏枯之局，必待運行壬申以後，助起金水，才有大發展。

又此造命主極之漂亮，為我輩男士見之必然動心之超級靚女。

此造雖為上造之女友，但從格局推斷，十八歲後行庚午大運食神透出後，有機會變為異性戀者。

此造十歲喪父。一九八三年癸亥，與大運逢沖且為驛馬，於當年失身，但一九八四年甲子天剋地沖而分手。一九八六年丙寅與以上女同性戀者在一起，但照流年大運推斷，兩人關係最多維持數年而已。

例三──

		日元		
	辛	癸	丁	辛
	酉	亥	酉	丑

44	34	24	14	4
壬寅	辛丑	庚子	己亥	戊戌

此命癸水日元生於酉月印星當令，年為辛丑，酉丑會金，日元自坐亥水，時為辛酉，金水旺矣；雖月干丁火透出，但可惜丁火無根不能為用，但可變為金水相清之局，以金水為用，行木亦可。

此造本為不錯之八字，雖然夫星無力，但早行官殺運且命中無剋夫之象，理應是早見桃花、早失身之局，奈何其父一生教學，思想保守，阻止其女與男性來往乃必然之事。所謂壓迫力愈大，反抗力亦愈大，終導致其女不喜結交男性，反而結交女性，變成同性戀者。

以上命造之主人，是我所見過那麼多同性戀者最誇張的一個，其行動比男性還誇張很多，穿男性西服不在話下，還滿口粗言、撩事鬥非、打架，行為極之惡劣，人緣亦不佳。

所以，從這個命例可以啓發各位做父母的讀者，所謂過猶不及，男女結交異性乃正常之事，實在不應阻止，反而應從旁了解，給予正確意見，才是正確之做法。

例四——

時	日元	月	年
癸	辛	己	庚
巳	酉	丑	子

48	38	28	18	8
甲	乙	丙	丁	戊
申	酉	戌	亥	子

此造辛金日元生於丑月印星當令，日元自坐酉金，時為癸巳，巳酉丑三合金局；年為庚子，金水乘旺而官殺無力，有金冷水寒之象。再加大運行西北金水之地，助旺傷官而制官，而愈發金冷水寒，格成印格用財官。

照推斷，此造應早逢桃花，但大運行至二十三至二十八歲之亥運，再加癸亥流年，巳亥相沖剋官星而感情受重創，最後變了喜歡同性。與現女友維持了十年關係，剛於今年分手，但亦是因為結識了其他女性所致。

現代風塵命（寫於：九五年七月）

聽到「風塵命」這個名稱，一般人馬上會想到一定是晚上上班的女性，甚至是妓女等等。但現代的風塵命其實包括：歌星、明星、伶人、大班及舞小姐等。

但如何判斷她們是做何種職業？這便要從她們格局之高低着手。格局高的當然是名歌星、大明星；格局低的當然就是舞小姐或妓女了。

至於風塵命是怎樣分法呢？我現在先把條件列出。如命中有以下三種情況以上，便可以說有風塵命的條件：

(1) 比劫透出——因比劫透出，有跟人分夫的情況。

(2) 食傷透出——有剋夫之象，亦且外向多情，尤其以傷官為重，且傷官重的女性情慾亦較重。

(3) 官殺多——官殺多，有婚嫁不定之象。

(4) 食傷多——食傷多與食傷透出的情況差不多，但食傷多比食傷透出更甚，情況更重。

(5) 官殺過弱——官殺過弱亦有婚嫁不定，一生無正式結婚之象。

(6) 日元過旺——日元過旺，其人偏激、剛強、剛愎自用、自視過高，甚難與人長久相處，亦為辛苦之命，一生不能靠夫，是靠自己辛勞得財之命。

(7) 日元過弱——日元過弱，其人優柔寡斷，搖擺無定，無自己主見，容易受人引誘而墮風塵。

(8) 夫宮坐七殺而為忌——夫宮坐七殺而為忌，代表其一生認識的異性都對她不好，甚至會動手打她；要她養家，甚至要她做舞小姐養他。

(9) 金冷水寒——金冷水寒的命，自小缺乏家庭溫暖，從小便想離開家庭。其中一種情況是，命主早結婚，早生子，早離婚，然後要獨自撫養兒女，而在沒辦法下，只好淪落風塵做舞小姐。不然，就是很小便離開家庭，不想住在家裏，又不能在外面獨立生存，只有晚上上班，多賺點錢才可以應付房租及日常使費。

(10) 命中桃花重或命帶桃花或大運早行桃花——其人早熟或早失身，對感情亦不穩定。

(11) 年為官殺或早行官殺運，如再逢沖更甚——與早見桃花同論。

(12) 夫宮逢沖——夫宮逢沖，代表夫妻感情容易離散，易有離婚之象。

(13) 夫星逢沖——與夫宮逢沖同論，但如果夫星在年月的話更差。

以上列出了那麼多條件，但並不是有以上的幾個條件便必然是風塵命，最後還要察看整個格局結構為何，才可決定是否一定淪落風塵。

以下讓我提供幾個不同等級的八字，供各位讀者參考驗證，使各位能有更進一步的了解。

例一——女命，前著名女伶人，於數年前過世

食		日元	才		才
癸		辛	乙		乙
巳	合	酉	酉	合	丑
官		祿	祿		印

72	62	52	42	32	22	12	2
癸	壬	辛	庚	己	戊	丁	丙
巳	辰	卯	寅	丑	子	亥	戌
77	67	57	47	37	27	17	7

此命辛金日元生於酉月建祿之時，又自坐酉金，年支丑與時支巳，巳酉丑三會金局，日元極旺；尤幸時干癸水食神透出，洩日元之秀氣，轉而生財，格成建祿格而用食傷生財。

但可惜女命以夫為重，尤其在上一個年代，而此命夫在時支，巳酉相合，代表縱然有夫亦易為人所奪。

至於此造之風塵命條件，在八字中可謂完全表露出來。首先：

（一）日元過旺。

（二）官弱且在時支而與比劫相合。

（三）天干透食傷。

（四）命中比劫帶桃花，且大運早行官殺。

從以上條件，可以推想到此命從小加入戲班，且極早失身。又十七至四十二歲間，盡行食傷旺地，以致姻緣無望，反而在粵劇界頭角盡顯，成為很有名的一級花旦。

四十二歲後雖然行財運，可以生旺夫星，但畢竟年華老去，最終一生未曾婚嫁。雖有錢亦難免晚年孤獨，尤幸有一大群徒弟在左右侍奉，猶有可慰。

例二——女命，著名演員，身材異常特出

比	印	日元	劫
乙	壬	乙	甲
巳	午	未	申
傷	食	才	官

9	19	29	39	49	59
癸未	甲申	乙酉	丙戌	丁亥	戊子
14	24	34	44	54	64

此命乙木日元生於午月食神當令，又年為巳火，日元乙坐未土，巳午未三合火局，食傷旺矣；尤幸月干壬水透出，通根於申，滋潤日元且有生身制火之功，格成傷官旺而用官印。

此命巳午未三會傷官之方，難免早有剋夫之象，尤幸大運十九至七十九歲盡行西北金水之地，不致無夫。

但三十九至四十九歲間，運行丙戌，傷官透出，且夫宮戌未相刑，恐有婚姻難保之象。如此運離婚，亦恐難免孤獨終老，尤幸時支申金，子女宮坐喜神，應有子女在旁及有一定之成就，不至於老來孤獨。

至於此造之風塵命條件：

（一）比劫透出。

（二）食傷過旺。

（三）夫星在時支而天干為比劫，常有感情紛爭、三角關係。

（四）巳午申皆為桃花，可謂滿局桃花。

例三——女命，舞女大班

時	日	月	年
才	日元	印	官
庚子	**丙申**	**甲子**	**癸卯**
官	才	官	印

56	46	36	26	16	6
庚午	**己巳**	**戊辰**	**丁卯**	**丙寅**	**乙丑**
61	51	41	31	21	11

此命丙火日元，生於子月官星當令，又時為庚子，日元自坐申金，申子半會水局，金水旺矣；雖月干甲木透出，通根於卯，但可惜命中火氣全無，濕木無焰，不能引生丙火，格成財官旺而用印劫。

此命夫宮坐財而子水兩合，一生能得異性之財，但常常處於三角關係當中，不能自拔，以致婚嫁不定。又因格局甚清，故長得異常漂亮。

此命十六歲開始與人同居，十八歲開始做舞小姐，因樣子漂亮之關係，所以紅極一時。二十三歲丙寅年後轉做舞女大班，但引來之客人追求她還多於追求她所帶領之舞小姐。至一九九〇年後轉到正常行業，但在一九九三年間未婚產子。近況不詳。

至於此造之風塵命條件：

（一）寒命無火。

（二）子、卯及第二柱丙寅之寅為桃花，可謂滿局桃花，且早行桃花運。

（三）官殺過旺。

（四）日元過弱。

（五）十六至二十六歲行丙寅大運，寅為桃花，沖命中夫宮，桃花沖夫宮有常換男人之象。

例四——舞小姐命

時	日	月	年
劫	日元	傷	比
乙	**甲**	**丁**	**甲**
亥	**申**	**丑**	**午**
印	杀	財	傷

56	46	36	26	16	6
辛未	**壬申**	**癸酉**	**甲戌**	**乙亥**	**丙子**
61	51	41	31	21	11

此命甲木日元生於丑月財星當令，又日元自坐申金，時為乙亥，金水旺矣；尤幸月干丁火透出，通根於午，年時干甲乙透出，但可惜午火其力不足，且月令丑土亦洩火氣，以致其力不顯。但如能運走東南木火之地，亦有作為；但可惜運走西北而無助，格成財格用比劫食傷。此命天干比劫食傷齊透，夫宮坐殺為忌，命中午為紅艷桃花；再加上十一至十六歲運行子水，而子為沐浴桃花，有桃花沖桃花之象，且子午相沖，用神受

傷，所以十六歲前已經離家與男人一起。但無奈命中夫宮坐七殺而為忌，所以每每所託非人，那些男人利用她作搖錢樹，賺錢養他。十六至二十六歲乙亥運時，申亥相沖，夫星亦有屢換之象。一生只有二十六至三十六歲甲戌大運時較為開心安定。三十六歲後癸酉、壬申，雖有夫運，但亦不看好。至於此造之風塵命條件：

（一）命中比劫透出。

（二）命中傷官透出。

（三）年支桃花，大運第一柱為桃花，再加第一柱與年支桃花相沖。

（四）夫宮坐七殺而為忌神。

（五）夫宮相穿，雖無相沖之重，亦不為佳。

（六）命中稍寒，但可惜一生行金水之地。

相信各位讀者從我以上所列出之條件及例子，對怎樣察看風塵命格，已有一定之了解。

分夫奪妻之命（寫於：九五年七月）

八字除了看財富外，其餘最被關注的可說是感情問題，因現代社會比較複雜，以致引出很多感情上的問題。但表面看似複雜，其實在古代社會早已存在，因古代流傳下來的看命秘訣，有很多是關於感情問題的，而且分類頗為細微，現細數重要之訣如下：「姊妹同生，爭夫之命」；「姊妹剛強，必作填房之婦」；「姊妹同宮，未嫁而先有恨」；「刑空官殺，幾臨嫁而罷濃妝」；「四殺四空，皎月滿懷啼玉筋」；「金清水冷，日鎖鸞臺」；「土燥火炎，夜寒衾帳」等等，皆言明女性之感情阻礙，甚麼命應做二奶，甚麼命應做填房，甚麼命無姻緣，皆詳細列明。

但因以前為男性主導的社會，所以完全沒有提及男性感情阻礙之秘訣；而現代社會不論男女皆有感情問題，男性亦會與人分妻，亦會娶曾結婚之女性為妻，亦會當舞男，可謂與女性無異。現將秘訣及例子列舉如下：

（一）姊妹同生，爭夫之命

「姊妹同生，爭夫之命」，意思是日元自坐印星，而年月時柱當中有一柱與日柱相同，再加上天干夫星透出，形成爭夫之象，謂之姊妹同生。如下造——

	丁亥	9	乙巳
（夫）	甲辰	19	丙午
日元	戊午	29	丁未
（姊妹）	戊午	39	戊申
		49	己酉
		59	庚戌

此造戊午日元生於辰月，干透甲木為夫星，時柱為戊午，有爭夫之象。此造來批算之時應為一九八八年戊辰，當場被我點破為分夫命。她當時很不甘心，但又沒有辦法，亦不想離婚，惟有讓這種關係維持下去。此命之分夫情況是，她老公在外面有一個小老

婆，差不多是公開的，「她」與「他」每一個朋友都知道。她老公是隔天在小老婆家留宿，隔天回大婆家裏留宿。

（二）姊妹剛強，必作填房之婦

「姊妹剛強，必作填房之婦」，意思是，除日元外，天干有比劫透出，而比劫所坐之位置比日元更強，如日元甲木坐辰，但比劫甲木坐寅；丙火坐寅，比劫坐午等，謂之「姊妹剛強」。如下造——

		日元	
丁	丙	丁	庚
酉	午	卯	子

4	14	24	34	44
丁	戊	己	庚	辛
未	申	酉	戌	亥

此造丁卯日元生於午月，月干丙火透出，年為丁酉，為姊妹剛強之局。因丙火坐午顯然比丁火坐卯為強，雖然年柱丁酉不足為患，但亦足以構成婚姻不佳之象。又此局時為庚子，夫星在時柱，理應晚婚為佳。但此造來批算的時候是壬戌年（那時筆者仍為髮型師），當時我已經叮囑她不要早婚，最好在三十歲以後結婚為佳。誰知道在一九八三年癸亥的時候，她告訴我該年底就要結婚了，因為有了孩子。雖然我知道這段姻緣必無結果，因命犯姊妹剛強，不宜正配；又加上夫宮在時柱應為遲婚之命；再加上二十九至三十四歲行酉運，沖正夫宮，必有分離之象。怎知全部給我說中了，真是遺憾。

此命癸亥年底結婚，結婚不久，馬上小產，時為甲子年二月即卯月，因甲子流年剋制大運之己土，為印制食傷；再加上子午卯酉四沖為大動之象，以致小產。小產後婚姻隨即出現問題，延至一九八七年丁卯助沖離婚收場。

此造本為分夫之命，應嫁給曾結婚、離婚者方免離婚之苦，否則亦宜遲婚及嫁給年紀較大者，方可得美滿姻緣。

（三）姊妹同宮，未嫁而先有恨

「姊妹同宮，未嫁而先有恨」，意思是，天干比劫多而各坐不太旺之地支，亦不見天干夫星透出，在古代是為未結婚而先有關係之局，但在現代社會未結婚而先有關係極之普遍，所以在現代社會可看作有同居運而無結婚運之命。如下造——

		日元	
甲	甲	甲	乙
辰	戌	辰	丑

5	15	25	35	45	55
癸酉	壬申	辛未	庚午	己巳	戊辰

此造天干比劫齊透，皆坐財星；而局中夫星不見且以夫為忌，可謂一生感情不佳及無夫之命。

此造兩神成象，雖財星較旺，但日元並不太弱，所以水木火運皆吉，土金為忌，故是以夫為忌之命。又命中木土兩神無他神混雜，所以其人極之漂亮，身高五呎七吋半，身形窈窕，理應得到很好的姻緣才對，但怎知紅顏薄命？

此造十至十五歲在酉運間已經離家與一男子同居。到庚申、辛酉年間移情別戀與另一男子同居，怎知此男子要往他國而沒有帶她同行，同居關係再度結束。在一九八六、八七（丙寅、丁卯）年間曾淪落風塵。至一九八八年戊辰年間認識一已婚男子再度與他同居，但可以看出此男人不會離婚與她結婚，此段感情亦必無結果；唯一可喜的是，這男子對她很好，而她亦很喜歡這男子，同居關係到現在乙亥年仍維持現狀。

（四）刑空官殺，幾臨嫁而罷濃妝

意思是，命中官殺落空亡且帶相刑，謂之「刑空官殺」，這種命會發生訂好酒席而不能結婚之事，所以謂之「幾臨嫁而罷濃妝」。如下造——

辛	庚	丁	甲
巳	寅	丑	午
	日元		

58	48	38	28	18	8
辛	壬	癸	甲	乙	丙
未	申	酉	戌	亥	子

此造是我在一九八二、八三年間正在學八字的時候一位客人的八字。她問我她在一九七七年丁巳有甚麼事發生，我當時想，丁巳年為一柱官殺，應為結婚年，我當時便對她說是結婚，但她說只對了一半。

於是我在上課時便問老師這個人可能發生甚麼事，（當時我學習的時候是單對單的，而我師傅亦只有我一個徒兒，所以有甚麼他認識的他都會傾囊傳授。）老師仔細想一想便說道：「可能是刑空官殺，幾臨嫁而罷濃妝吧！」他說此造丁巳年有結婚運是對的，但因她命中午跟巳皆為夫星，而寅中亦藏夫星，但巳為命中之空亡（午為日柱空亡），且巳寅夫星夫宮相刑，正合「刑空官殺」之象；再加上丁巳年刑夫宮夫星，所以在七月申月間巳寅申三刑，已經訂好酒席要結婚，怎知在結婚前大病住進醫院數日之久，以致不能成婚，且到現在仍未結婚。相信此造在丙寅、丁卯應已結婚。

（五）四殺四空，皎月滿懷啼玉筋

「四殺四空，皎月滿懷啼玉筋」，意思是，命中地支滿盤官殺，且落空亡，有招嫁不定之象，所以說，中秋月明家人團聚之時，自己卻孤枕獨眠。

（六）金清水冷，日鎖鸞臺

「金清水冷」即金冷水寒，與金白水清不同；金清水冷生於冬令，金白水清則生於秋月。金清水冷亦為婚姻不佳之局，不是一生感情混亂、早婚早離婚，便是一生不嫁或同性戀命。詳細可參考本人於前文所寫之風塵命及同性戀八字論。

（七）土燥火炎，夜寒衾帳

「土燥火炎，夜寒衾帳」，意思是，生於三夏火炎土燥之局，但日主不一定要是火土，只要火炎土燥、滴水不入之局即是，結果與「金清水冷」同論。

至於男性被人奪妻之命，總離不開比劫奪財或行至比劫大運、比劫流年，又或命中財星坐比劫，又或命中財在年而比劫在月等。如下造——

己丑	壬申	己丑（日元）	丙寅

乙未 6 辛未	乙巳 16 庚午	乙卯 26 己巳	乙丑 36 戊辰 41 庚午	46 丁卯	56 丙寅

此造己土日元生於申月傷官當令，又年為己丑，日元自坐丑土，月干壬水透出，為土寒金洩，以水金為忌、木火為用之局。尤幸時為丙寅木火相生，有溫暖日元之功，所以此造在戊辰以前一路循循漸進，家境日漸好轉；且在一九八六丙寅年間在屯門置業，舉家遷往屯門居住。但問題正出於此，筆者在這十年間皆在不斷講述屯門風水之局極差，因屯門局中山勢巖巉，水口不佳，為不旺財且損丁之局（且風化案特多）。所以此人搬入屯門不久，便發生給人奪妻之事。

此造三十六至四十六歲間行戊辰大運，加重命中比劫分財之象，再加上戊辰、己巳流年群劫爭財，以致妻子被劫奪，終致己巳年比劫乘旺離婚收場。從此更憂鬱成病，庚午年年肝癌病逝。

論子平八字水準日漸下降

子平八子由發明天干地支至宋代徐子平棄五星而獨論天干地支之生、剋、制、化、會、合、刑、沖，五行之旺、強、衰、弱，到現代為止，少說也有數千年歷史，理應日漸完善才對。

但以本人觀察所得，子平命理之水準卻有日漸下降之趨勢。先有數年前，某伍姓術數家彈劾子平無用而轉學紫微斗數；再有現代論子平之學者，連基本五行旺弱、有根無根等基本概念亦錯誤百出，可說連小學生的程度也未達到，便自稱為命理大師云云。如再這樣下去，子平不給人懷疑無用才怪。

讀者請看以下命造：

例一

		日元	
丙	丙	丙	丙
申	申	辰	申

7	17	27	37	47	57
丁	戊	己	庚	辛	壬
酉	戌	亥	子	丑	寅

某君判斷此命造為刑合得祿格，謂此局三申合力把巳火刑出，以使丙火通根有力，謂之用虛神。

但其實古代之刑合得祿格、專食合祿格、井欄叉格、飛天祿馬格或倒沖祿馬格等奇怪格局名稱，是因為古人論命沒有那麼先進，遇到一些不用官星而能夠做官的八字，想不出所以然，於是便發明很多方法講述原因，甚麼刑出官星、合出官星、沖出官星，或怎樣刑出、沖出、合出日元之祿等等格局。

以上種種格局，皆是未有發明從格的時候所用的，到後來知道從格亦可以發貴，以上之看法早就沒有人用了。

其實，此八字丙火生於申月，年時支皆為申金，日元自坐辰土，時與月之申金與日支辰土皆申辰暗拱子水。天干雖然丙火四透，但皆無根，不能互相扶持；惟有從其旺金之勢，格成假從財格，行運最宜官星剋制比劫，財運亦可，不宜行印比劫運，而並非上述人士所講，用暗火不能見火，填實則凶。

此八字以假從財格看，簡單明白，行運吉凶亦一目了然，不需要婉轉兜圈，自尋煩惱。

註：發明寒熱命後，會斷這個八字喜木火而不忌金水，金為財運，水為地位運，利打工掌權，不利從商而已。此註亦適用於例二。

例二（此八字與例一相似，供各位讀者參考）——

		日元	
丙	丙	丙	丙
申	申	子	申

1	11	21	31	41	51
丁酉	戊戌	己亥	庚子	辛丑	壬寅

這是十多年前在掌相學會上某位參加聚會者的八字。他拿着這個八字問一群老先生，他們居然說這個八字用火，因火無力而金水強旺，所以行木火運為佳，金水運為凶。這可謂極之可笑，當時亦被我當場點出這個八字為從金水格，運行木火為凶，金水為佳。這個八字的主人亦當場回應說，自己的大運、流年亦是金水運吉而木火運凶，他說是一九八〇年庚申以後開始轉好的。

從以上兩個八字可以知道，很多人是不懂看從格的；在我日常所接觸學八字的朋友當中，很多人對從格的看法亦不大了解。現再舉一相似的八字供各位參考：

例三——

	丙戌	3 丁酉
	丙申	13 戊戌
日元	**丙子**	23 己亥
	丙申	33 庚子
		43 辛丑
		53 壬寅

此造丙火日元生於申月，時為申金，日元自坐子水，月時申子皆會水；尤幸天干丙火天元一氣，通根於戌，有互相扶持之作用，格為財多身弱而用比劫，行運以木火為佳，金水為忌。但可惜此造三至五十三歲皆行金水之地，對原局無助，雖然每遇木火流

年皆有進展，但始終大運不佳，不能一氣呵成，惟有待五十三歲後運行壬寅，助起日元，才能更進一步。

以上三造，可説大同小異。第一、二造結構相同，只是第一造日元坐辰，第二造日元坐子，但皆合水，日元無根而為從格。而第三造結構相同，只差年支戌土，日元通根，便為正格。各位讀者可以從以上資料細心觀察，便有所得。

不過，亦有人連基本之五行旺弱亦弄不清楚，請看下造：

例四——女命

日元			
甲辰	甲子	戊午	戊子

此造甲木日元生於午月傷官當令，年月干戊土兩透，通根於辰，傷官財皆不弱；尤幸日元通根於辰，時干比劫透出，且年日支皆子水，日時支子辰會水，日元亦不弱，格成傷官生財而用印。

此局對八字稍有認識的人皆能準確判斷。但可惜列出這八字的學者居然說此局日元無根，身弱難以任財；又說財旺反忌比劫鄉，反而以印為用。

以上之講法極之犯駁，因為財多身弱有比劫，必然會用比劫，而財旺反忌比劫鄉，是用來解釋從財格的；如正常格局財旺反喜比劫鄉。

又此命局以印為用乃必然之事，但並非因為他所講的身弱不能用比劫而喜用印，因正常格局財旺如果用印，必然不是佳局，因財旺必然破印。此局以印為用全出於調候為急，雖然命中水已強旺，但重重而不厭，不畏其多仍以水為用，以金生水，道理顯然易見。又此局官星不見，女命以官為夫，再加月令食傷，本為剋夫之命，所以每行比劫運，生旺食傷，其夫皆有意外官非、禍事。

古墓動土一死二傷（寫於：九九年七月）

日前應邀到李鄭屋邨某單位勘察風水。本來這客戶只想批八字，但因她行動不便，不能到我的寫字樓給我看，因我的寫字樓電梯是設在二樓的，她坐輪椅無法上來，於是她便邀請我為她勘察風水，順道在她的家裏為她批八字。因她情況特殊，所以我便答應了。

七月七日下午二時，準時到達她的家裏，我首先幫她勘察風水。她住在禮讓樓某單位，是坐西北大門向東南，即坐戌向辰旺財旺丁之局，只是財位在廁所而五鬼在廚房這兩個問題要減分，其他間隔皆合符風水之道，可說是不錯的房子。她說這幾年間住在這裏，身體跟財運都沒有甚麼問題，總算不錯。

現將她家的間隔布局詳述如下：

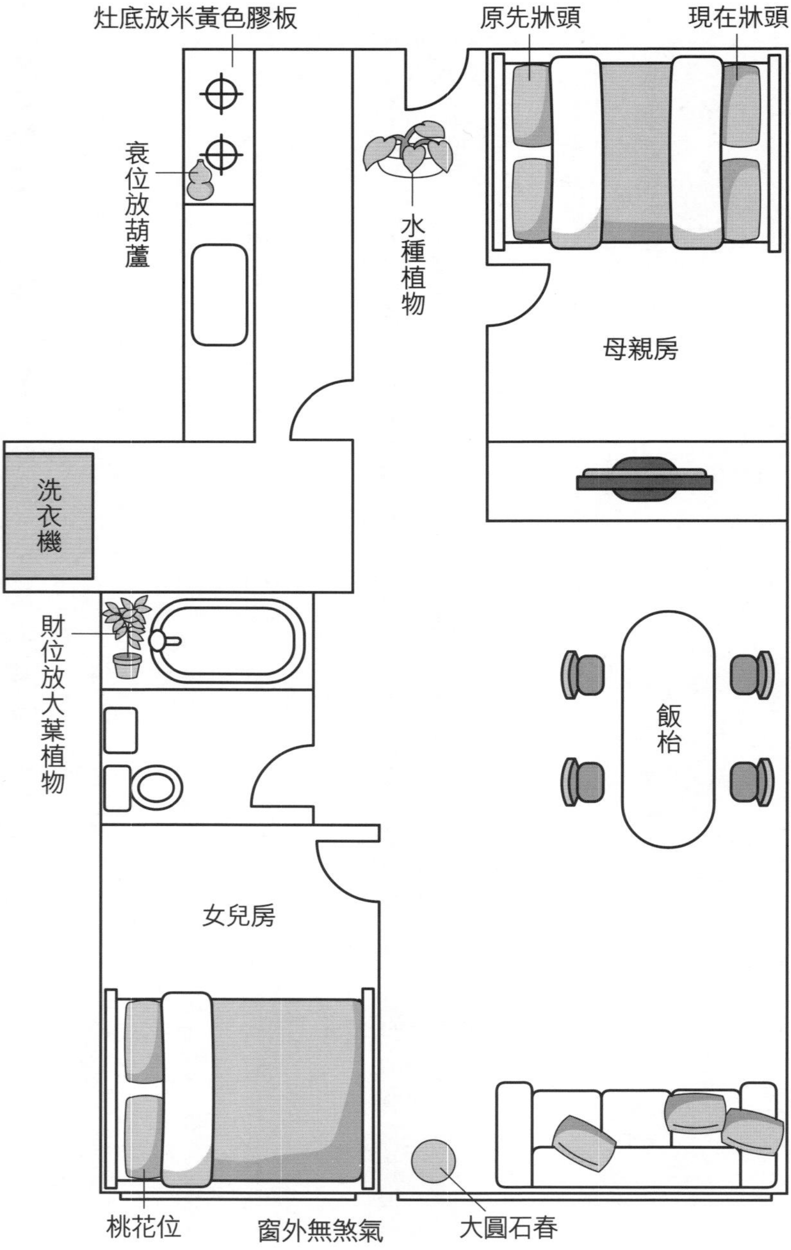
灶底放米黃色膠板
原先牀頭
現在牀頭
衰位放葫蘆
水種植物
母親房
洗衣機
財位放大葉植物
飯枱
女兒房
桃花位
窗外無煞氣
大圓石春

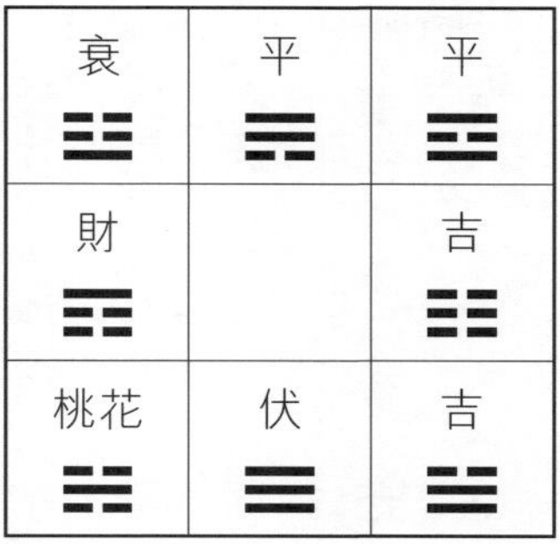

乾宅八宅圖

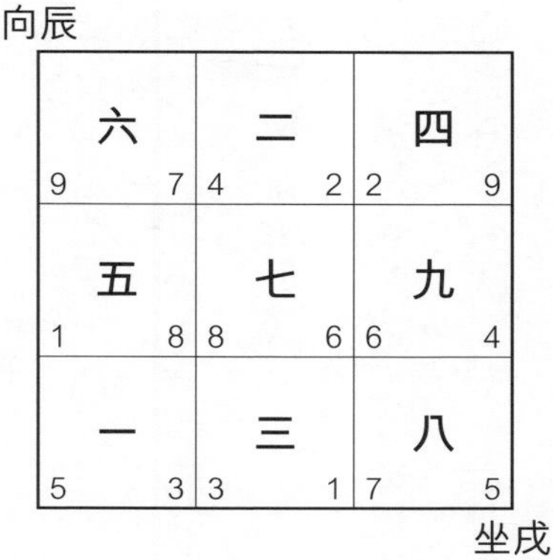

坐戌向辰飛星圖

從上圖觀察得出，我客人的房間是桃花位；她媽媽的房間是平位，雖無好處亦不算差，只是牀頭方向放錯而已，改過牀頭便無大礙。雖然以飛星論，南方為二四交戰，二黑為病符，易有呼吸系統問題，而二黑為寡婦、老母，亦應在她媽媽身上；但從我看風水那麼多年的經驗，如此處沒有刑煞加臨是不會有問題的，所以根本不用化解，而她媽媽亦說住了這麼多年亦不見有胃及肝的毛病。

反而廚房五鬼為震卦，火燒五鬼，疾病顯而易見。因為是她媽媽負責煮飯的，所以只有她媽媽有手腳毛病，而她卻沒有問題。我幫她在廚房化解便可將問題解決。

首先，大門旁放水種植物催財，再在屋後放大圓石春去旺人口平安；財位落廁所，則放大葉植物聚財；廚房衰位則放葫蘆在灶下，然後再加一塊米黃色膠板，便可以把問題化解。

看完風水以後，再為她排八字，再看掌相面相，看完以後問她有沒有問題，她說沒有了。

後來閒談間，她問為甚麼她在一九九三年會撞車，且雙腳亦由那年開始不良於行而要坐輪椅，她問我以後有否機會可以自由行動；我對她說，從她的八字看不出來，而且亦看不出她在一九九三年為甚麼會撞車，因為九三年癸酉與她的八字全無沖剋，而九三年只是她每十年轉運之交界而已，雖然說交界運易生問題，但總不至於撞車而令雙腳不能行動那麼嚴重。

於是我問她，撞車那年家中外面有否動土？她說有，而且動得很嚴重，因為九三年她住在李鄭屋舊邨，屋外對正古墓及圍着的都是那些舊式的七層大廈，而剛好那年古墓維修，再加上七層大廈要拆卸重建，動土有如排山倒海之勢。細問之下，她爸爸也在那一年過世，而她媽媽亦曾進院做手術，可說全是受風水動土之影響。

以上只是我所知的事例，那年住在此處到底有多少人受影響實在不得而知；所以我常常說，窗外動土對陽宅影響最大，一定要想辦法化解。以前我亦提供過化解方法，在此不厭其煩，再述一次。

將以上五樣東西放於動土方即可

命中火炎土燥配金冷水寒（文稿由學生提供）

今期我打算講一個火炎土燥配金冷水寒之命局。首先我要跟大家略作解釋何謂火炎土燥？何謂金冷水寒？

以下為 Stephen 的八字——

戊戌
己未
日元 丙戌
甲午

以上八字日元屬火，生於六月，年為戊戌，月為己未，日元自坐戌土，時為甲午，滿局火土，滴水全無，謂之火炎土燥之局。

以下為 Wendy 的八字——

癸	辛	乙（日元）	丁
卯	酉	亥	亥

以上八字日元屬木，生於辛酉金旺之月，再加日元自坐亥水，時為亥水，年干癸水透出，金水旺極。雖然年支卯木，時干丁火，又再加上生於八月三秋之時，雖未致完全金冷水寒，但局中究竟金水剩旺矣。

火炎土燥、金冷水寒是八字分辨格局多元化之中的其中一類。如單從格局來看，這一類都並非佳局，因為這類格局的人，往往在婚姻或子媳方面都易有問題發生。但從另一角度來看，兩夫妻，一個屬火炎土燥，一個金冷水寒，在配合上呈現相濟之象，亦不失為天造地設的一對。

在一般人眼中，Stephen 是一個又囂張又自負的人，無可否認他是有過人之處的。例如，他辦事能幹精明，學識豐富，雖然是驕傲一點，卻也不是陰險小人。由於 Stephen 太過自命不凡，所以在選擇妻子方面亦諸多要求，除了樣貌之外，學歷和背景也要與自己不遑多讓。在讀大學的時候，他已找到對象，對方是他的同班同學，雖然彼此都是驕傲自負的人，但 Stephen 認為只要自己能遷就一點，就能安然無恙了。兩人亦打算畢業後，找到工作就會結婚。可惜事與願違，對方畢業之後就另結新歡，很快移民走了。這次對 Stephen 來說，是他活了二十多年，唯一的一次失敗。

Wendy 是一名文員，樣子清秀，外表斯文大方，又平易近人，所以與很多朋友和同事都合得來，而且身邊的追求者大不乏人。

Wendy 和 Stephen 的關係就是下屬和上司，雖然 Stephen 對 Wendy 頗有好感，但鑑於彼此的職位懸殊，Stephen 又覺得 Wendy 的學歷、知識與自己有距離，加上他又不屑與人爭風，所以一直都沒有對 Wendy 作任何表示。

不久 Wendy 辭了職，兩人再沒有見面或聯絡。也許真是緣分安排，在一次同事的婚宴上二人又再相遇，可能大家都不再是上司和下屬的關係，Stephen 亦不像以前那般和 Wendy 保持距離，Wendy 親切的態度更令 Stephen 覺得她實在是自己選擇妻子的理想人選。想起以前只重視對方的學歷、背景，實在是太執著了。

雖然 Stephen 和 Wendy 婚後的生活十分融洽，但令他們最遺憾的就是結婚數年仍然未有小孩子。正如本文開始時提及，火炎土燥、金冷水寒的格局在子媳方面機會是很微的，Stephen 和 Wendy 的情況與他們的命局正是一個好例子—— Stephen 屬於火炎土燥，Wendy 則屬金冷水寒，兩人在婚姻感情上是天生一對，但子媳方面卻是一憾事，格局所限，往往不能如人所願矣。

造物弄人（文稿由學生提供）

命運與流年、大運有着緊密的關係。當然，一個上佳的命造不大會受流年和大運的影響，遇上大運好則如錦上添花，大運差則不過穩守點而已。但以一般的命造來看，成敗得失往往都是受到流年和大運的影響。

寶寶今年十二歲，生於一個家境不俗的家庭，父親陳先生是一名商人，母親陳太是一間津貼醫院的護理人員。可惜寶寶不能像一般小孩子一樣活潑健康地成長，因為她是一個低能兒。

真是造物弄人，冥冥中自有主宰。寶寶並不是天生弱智的，她出生的時候，與一般嬰孩無異，都是白胖可愛，由初生至兩歲，都受到父母、親友所寵愛，加上她活潑的反應、可愛的笑容，真是各人心中的安琪兒。

在寶寶大約兩歲半的時候，就發生了一件改寫她一生的事情。就像平日一樣，媽媽帶寶寶到街市買菜，然後回家準備煮午飯，抵達家門時，陳太因手中物件太多，無暇理會站在旁邊的寶寶，只顧忙着找鎖匙開門，怎知說時遲那時快，還沒有把大門打開，已看到寶寶從樓梯滾了下去。當時真把陳太嚇壞了，立刻把哭聲震天的寶寶抱在懷裏，跑到附近的醫務所檢查。經過醫生診斷，發覺並無大礙，陳先生和陳太太總算鬆了一口氣。

數月後，陳太發覺寶寶在學講話和走路方面都有困難，無論她和陳先生怎樣教導，寶寶也不能清楚地發音，走起路來亦是撞撞跌跌的。在無計可施之下，惟有再帶寶寶到醫院作一次檢查，結果證實，寶寶在數月前腦部曾受一次嚴重震盪，引致腦神經受損，亦即是變為弱智了。

本來是一個聰明伶俐、惹人喜愛的安琪兒，一下子變為一個反應遲鈍的低能兒，這是否一個逃不過命運主宰的好例子呢？

其實，寶寶的命格並不差，可惜在兩歲時即進入一個對本身思想有壞影響的大運，引致精神思想受創而變為弱智，此命與事實配合得天衣無縫也。由此可見，流年、大運對一個命造是如何重要了。

以下是寶寶的八字——

財	日元	財	劫
壬	**己**	**壬**	**戊**
申	**酉**	**戌**	**午**
傷	食	劫	E

三合金

52	42	32	22	12	2
丙	**丁**	**戊**	**己**	**庚**	**辛**
辰	**巳**	**午**	**未**	**申**	**酉**

此命己土日元生於戌月，年為戊午，日元不弱；但因日元自坐酉金，時為申金，與月支戌土三會金局，金旺極矣。

又此命中金代表思想，有思想過度之現象；再加命中兩歲行辛酉大運，全柱屬金，又命中兩歲至三歲流年為一九八〇年庚申、一九八一年辛酉，亦全為金，所以有洩空日元，思想混亂之象，故導致寶寶成為一名低能兒童。

第五章

世界風水

（一九九四至一九九六年在雜誌連載）

泰國風水（寫於：一九九四年）

泰國是我繼台灣之外，去得最多的地方，因除了工作關係，平常亦會到泰國的小島潛水度假，因為泰國為度假勝地，除了熱門的曼谷、芭提雅等旅遊區外，尚有布吉島、蘇梅島、PP島以及一些不知名的小島。

喜歡熱鬧的人可到曼谷、芭提雅等地，喜歡寧靜的人則可到蘇梅島及一些人煙稀少的小島。在那些小島上並沒有酒店，只有一些用竹搭成的小屋，就連熱水沖身設備也欠奉，可謂極之荒蕪，但卻極受歐美人士歡迎，她們會在那些人煙稀少的島上作天體裸泳，真是一波未平一波又起。本來，以前在布吉島之歐美泳客，多會在沙灘上裸露上身曬日光浴，但因亞洲遊客日漸增多，他們很多時候穿着整齊衣服去沙灘遊覽，目的只為觀看人家的胸部，以致在布吉島裸泳的歐美遊客日漸減少，轉移到蘇梅島及其他小島上。可是自從香港有旅行團到蘇梅島後，此種情況亦逐漸在蘇梅島發生。

泰國除了是旅遊度假勝地外，也是一個潛水勝地，那處的珊瑚是我自潛水以來見過最漂亮的，但當然這種景色不會出現於人煙稠密的地方，如熱門旅遊地點PP島及扳牙灣等地，而是出現在較冷門、較少人跡的外島上。

泰國能成為東南亞最熱門的度假勝地，除了因為價廉物美，治安相對較佳，政局穩定，夜生活多姿多采外，以風水而論亦是一個佳地。

泰國位於中南半島之下，右接老撾及柬埔寨，左接緬甸，下接馬來半島與西馬來西亞交接，此外中南半島最右面還有一個越南，但為甚麼除馬來西亞以外，其他地方的地運皆未能起飛，唯獨泰國可以獨佔鰲頭呢！

先講越南——越南在中南半島的最右面，承接東南水運，理應在七運（一九八四至二〇〇三年）經濟起飛才對，只可惜越南地勢中間呈凸出之狀，以致水流不止，未能承受七運所帶來之好處，情況與澳洲有些相似。

老撾——為內陸國家，不能以水論吉凶，但因內陸國家先天上已有缺點，所以很難興旺起來，除非有特別過人之處。

此東邊來水，正合七運一九八四至二〇〇三年間之元運，且泰國下面之馬來半島成弧型之狀，可以聚氣。

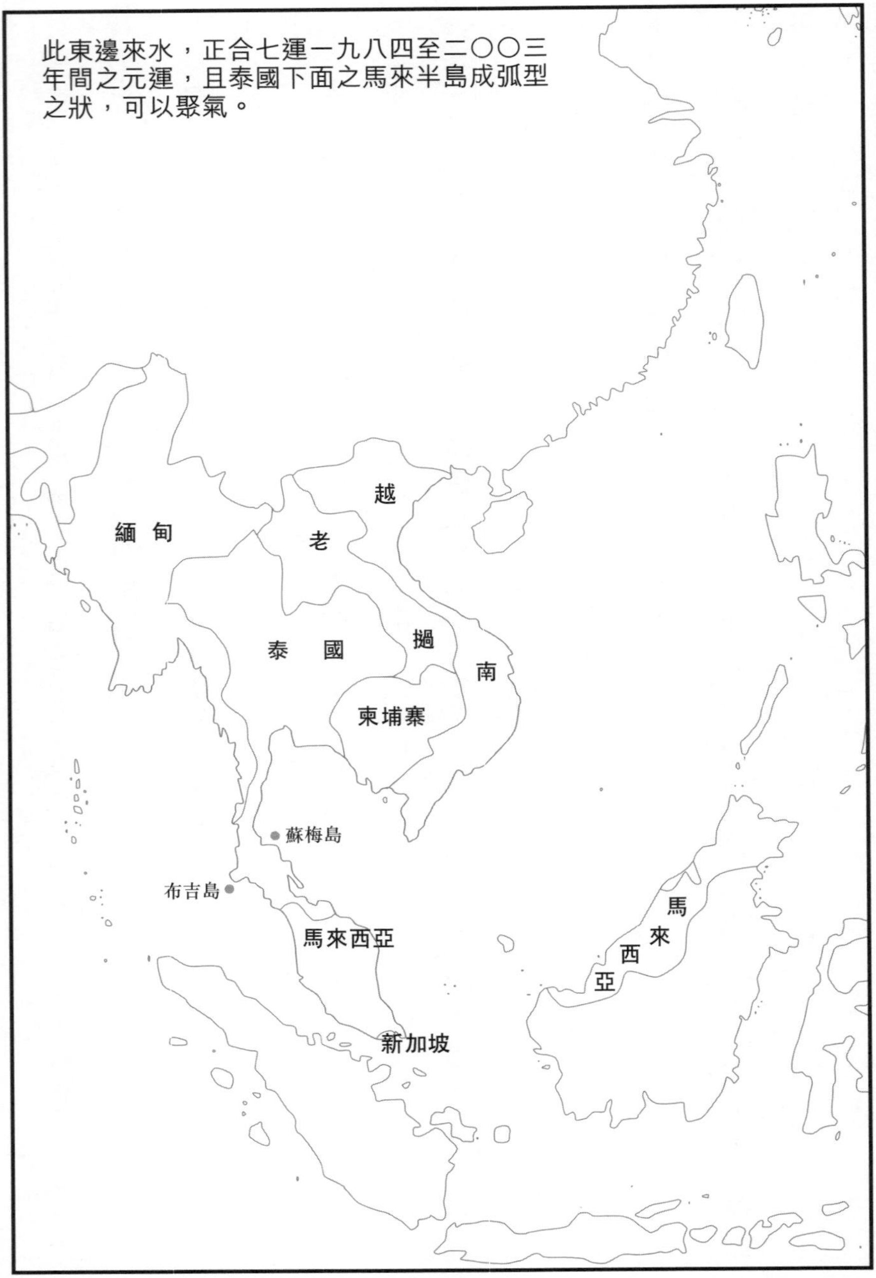

柬埔寨──水在西南，必待二〇〇四後轉行八運才能發展。

緬甸──正西水位，元運未至，待八運（二〇〇四至二〇二三年）乘着西南方之水勢，亦可略作發展。

泰國──水位在東及西南，所以七運八運皆通，尤以七運更佳，因泰國連接馬來半島的上半部，呈凹入之窩狀，能承接東南來水之氣而久久不散，所以在八四年以後，旅遊及經濟皆一同起步至九四年止，然後回氣再上到二〇〇四止，二〇〇四入八運後亦佳。至於泰國之首都曼谷，除了有很多台灣及香港人前往參拜之四面神外，亦為購物及夜生活之集中地，其中以市中心之SIAM區最為興旺，此區主要道路之方向為乙丁辛癸，於七運中亦為當旺，所以此十年間此區之商場、酒店林立，亦有不少名牌商品店舖，不再是冒牌貨之天下。

夜生活方面，最廣為人知的是夜市Patpong，不論中外遊客，如到曼谷必會到此地一遊，那兒除了是冒牌貨的集散地，亦是夜生活的好去處，除了酒吧及的士高外，最出名的算是 go go 吧了。那些 go go 吧每晚都有四五十個年青女士在枱上輪流跳舞，如閣下喜歡哪一位，還可以請她下來喝一杯酒，價錢只不過是四五十元泰幣。但要注意的是，筆者於近數年間發現有一種騙徒在街上常常騙遊客說有真人表演看，只收四五十元，如果你上當的話，結賬的時候可能是一千美元，因為他們說的四五十元是四五十美元，再加上你進去以後會有很多女性來你的枱上叫你請她們喝酒，你會想只是幾十塊泰幣，請她們喝一杯也無妨，誰知道結賬的時候他們又要算上甚麼表演費、小食費等等，分分鐘要數千美元結賬。如你不想付錢，店內便會突然間走出十多二十人來，兇神惡煞，到那個時候你一定只好有多少錢便給他們多少錢。筆者便曾有過一次經驗，尤幸後來找警察求助，把錢拿回來。我想若這情況繼續下去，不免對泰國旅遊業有所影響，再加上近年愛滋病流行，去泰國享受裸體按摩的遊客已相對減少，再這樣下去的話，遊客可能進一步減少，以致直接影響泰國地運所帶來的好處。

正所謂天時、地利、人和要互相配合才能發揮到極點，如有天時、地利而無人和去配合，則地運過後自會打回原形，每個國家亦如是。

北歐瑞典風水（寫於：一九九四年）

北歐瑞典是歐洲眾多國家中，本人較為熟悉的，因在八九年曾經應朋友之邀請往哥德堡為他們勘察風水及順道遊玩，誰知當時一留下來便有二、三個月之久，期間更多次前往挪威的奧斯陸以及丹麥的哥本哈根。但在印象中挪威那邊較為平靜，丹麥則有破舊之感覺，反而瑞典給我的印象最佳，也可能是因為在瑞典的朋友較多，每天要不是工作便是有朋友帶我外出遊玩，有時甚至玩到通宵達旦，到天亮才乘早班車回家。

瑞典的首都在斯德哥爾摩，而我則大多時間留在哥德堡。哥德堡位處瑞典西南部，與挪威首都奧斯陸相鄰，如坐火車前往只需五個多小時，而且火車上多數沒有海關檢查，所以一有空閒時間我便會往奧斯陸遊玩；因為在哥德堡及奧斯陸的中國人很多，他們兩邊跑來跑去，且多數都是彼此認識的，所以在哥德堡有朋友便不難在奧斯陸也有朋友。

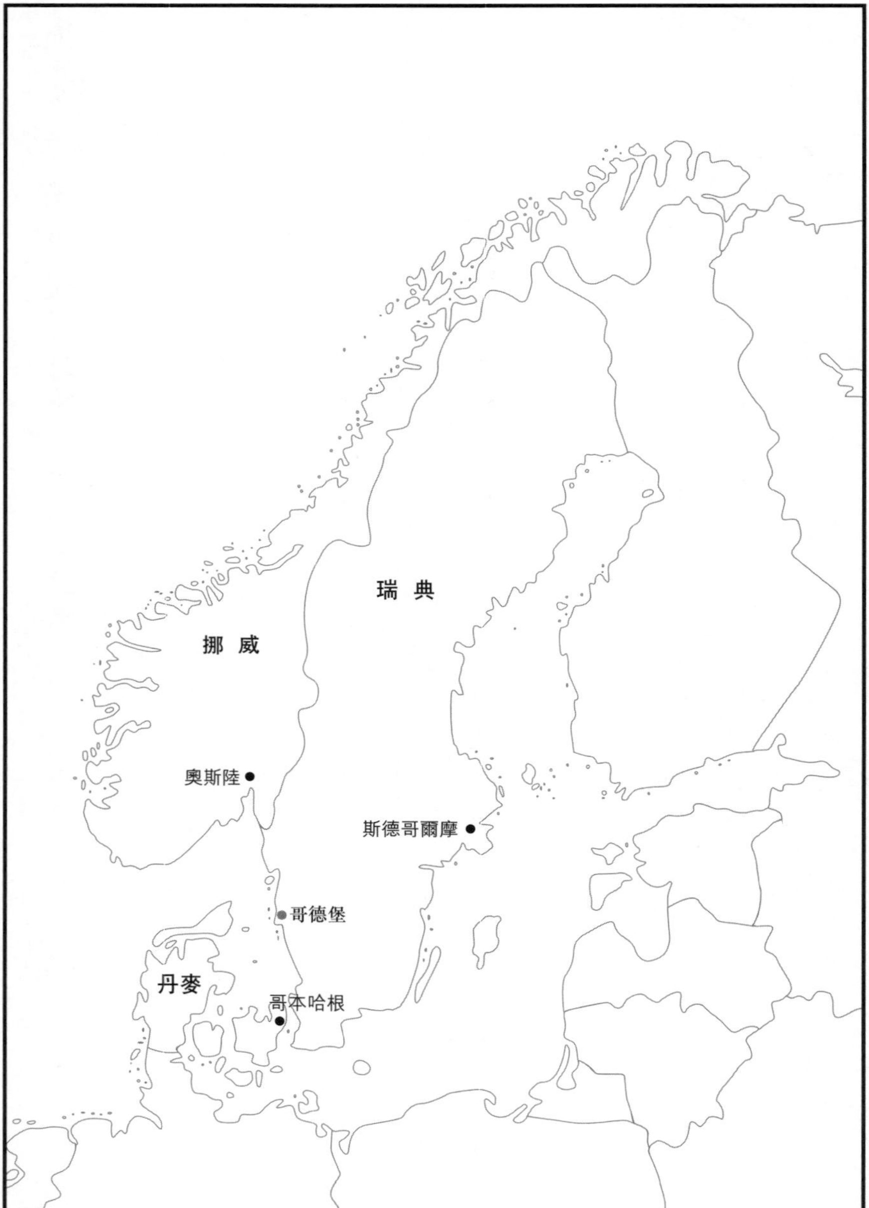
瑞典
挪威
奧斯陸
斯德哥爾摩
哥德堡
丹麥
哥本哈根

奥斯陸給我最深刻印象的是一個公園裏的石雕，這個公園是世界聞名的，在這公園裏我不知道有多少個裸體石雕，都是由同一個人用雙手雕琢而成的，給人古怪又偉大的感覺。只是那個公園叫甚麼名字我已經忘記也必然會忘記，因為我的朋友是跟我講挪威話的唸法。

其次印象最深刻的是在海邊遊玩，邊喝酒邊吃海鮮，那兒有很多出售海鮮的攤檔，賣的海鮮都是已弄熟的，可以即買即吃。最多人買的是蝦，我跟朋友常常會買一兩公斤蝦坐在露天的表演場地，邊喝酒邊看表演，這樣便可以消磨一天了。

哥德堡之西南為丹麥，從哥德堡可以乘坐火車或開車前往，亦不用簽證，因不會有海關檢查。不管乘火車或自己開車，都要坐船過海；「汽車坐船」相信各位讀者已司空見慣，但「火車坐船」相信各位不會常見，甚至沒有聽過。從哥德堡到對岸丹麥，只需要坐一個小時船，所以很多瑞典人會專程去丹麥買雞及買酒，順道遊玩一下。

瑞典與其他北歐國家一樣，都是夏天日長夜短，冬天則日短夜長，所以夏天充滿活力而冬天則是自殺季節。

瑞典的夏天是半夜三時才開始天黑，但到五時便天亮了，可謂不夜天。又因夏冬兩季之日夜差距那麼大，所以每個人在夏天都會盡情享樂，夜夜笙歌，尤其是週四至週六更是厲害，餐館及的士高都會大排長龍，愈夜愈旺；露天餐館更加熱鬧，客人喝完酒之後大叫大嚷，有些人醉酒後更會睡在路邊，但在當地是正常不過的事，沒有人會理會的。常聽人講瑞典是一個性開放的地方，誰知道那邊的年青人喜歡喝酒多於泡妞，可能因為在那兒是禁酒而不禁色之故。

在瑞典要結識女性非常容易，因為性開放之故，很少會有人為了爭女人而打架，我的朋友更告訴我在瑞典認識女性，不用管她有沒有男朋友，只要她喜歡你便成，她的男朋友是無權過問的。於是我便付諸實行，在的士高裏認識了一個瑞典金髮女郎，當時她是跟她男朋友一起的，後來那金髮女郎更邀請我到她的家裏喝咖啡，誰料返抵她家時，發現她是跟男朋友同住的，我當然會覺得很尷尬，由此可知她們的開放程度。

至於地運方面，瑞典地處北歐，東南為海、西北為山，當在六運（一九六四至一九八三年）發跡，難怪當時瑞典有模範城市之稱，在那個時候，瑞典之生活水準可謂世界之冠，但後來共產黨當政，提倡均富，很多有錢有能力的人都移民外國，以致大量資金外流，國力日衰，國力及人民生活水準每況愈下。

我在八九年間在瑞典的時候，那邊經濟還算不錯，但今年我在香港碰到的瑞典朋友跟我說，這幾年瑞典經濟很差，他們的餐館都賣給人家了，他們的朋友都移民他國了，有些移民去泰國，有些則回流香港找尋機會。

拉斯維加斯 MGM 酒店賭場風水（寫於：一九九四年）

月前我曾應邀到洛杉磯看風水，但這次我所講的不是洛杉磯風水如何，而是要講拉斯維加斯賭城中最新最大之酒店 MGM 的風水。為甚麼我不談 LA 風水呢？因為 LA 地處美國西岸，水位在西面，風水地運未至，不提也吧，也許到二〇〇四年八運以後再談吧！

每次我應邀到美國西岸看風水，少不免會到拉斯維加斯一行。拉斯維加斯地處加州東面，自一九八四年後漸漸興旺起來。尤其是在九二至九五這數年間，雖然美國經濟衰退，但對當地並沒有影響，反而更加興旺，新酒店新賭場不斷建立起來。

我上次到那邊是九三年農曆年間，距今雖只有一年，但已有三間超級豪華酒店落成，包括 Treasure Island（可譯作金銀島）、Luxor、及 MGM 等。本來我這次要入住 MGM，但因為她是全世界最大的酒店，有六千個房間，所以吸引到很多旅行團入住，以至這數月 MGM 之房間都爆滿了，那我唯有住入金銀島了。

金銀島位置在素有盛名之 Mirage 旁邊（是有白老虎觀看及世界最出名之魔術師 Sigfried and Roy 表演的那一間），與 Mirage 相通，形狀似一艘海盜船，其賭場設計也很舒服，但因我不長在那邊玩，所以未有詳細察看。

至於 Luxor 的外形是一座金字塔，賭場正門給人的感覺陰森恐怖，也不熱鬧，因我去的時候是半夜，感覺更差。我進去玩了幾手，雖不致全軍覆沒，但也把我在 MGM 辛苦贏回來的五百大元輸光，更甚的是我要走的時候門前竟然沒有的士，這情況是我在這裏從沒有遇過的，我想的士司機們大概也不想入金字塔墓內。所以，我奉勸各位如果你們下次去拉斯維加斯，請不要半夜到金字塔，要參觀遊玩，也應在正午時去。

言歸正傳，這次我要介紹的是 MGM 的賭場風水。

MGM 的賭場大門位於街角（見下頁），大門形狀是一隻獅子，如從正門入，便會從獅子之胸腹進去，這當然不妙，所以最好從酒店正門，或從賭場正門旁邊又或從賭場獅子的腰身進入亦可。

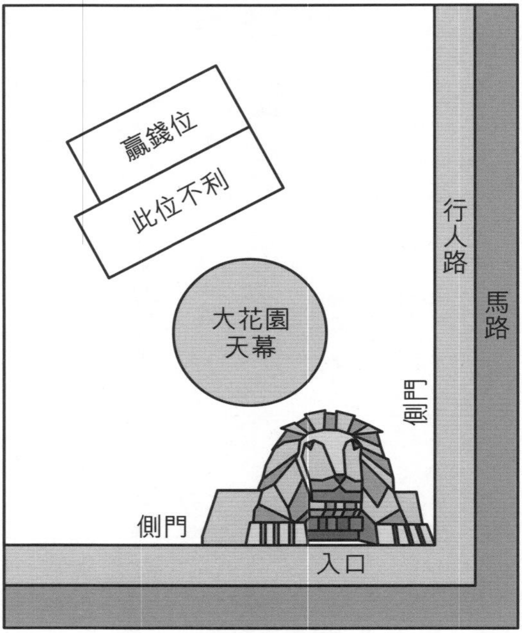

坐未
（西南）

六 5 9	二 9 5	四 7 7
五 6 8	七 4 1	九 2 3
一 1 4	三 8 6	八 3 2

向丑
（東北）

賭場大門位置

五	一	三
四	六	八
(九)	二	七

大門向星

四	九	二
三	五	七
(八)	一	六

大門向星

MGM賭場正門方向為坐未向丑，旺丁不旺財之局。進入賭場正門後為一個很大之人造花園。圓頂是一個人造天幕，不時造出行雷閃電的效果，仿似進入了獅子的肚內，被它吞噬，所以最好不要一進去便在第一個賭場賭錢（那邊賭場是以顏色地點分隔的），最好在第二及第三個賭場下注則較有勝算，但仍以小賭為上，因為還要看本身運氣如何。

MGM賭場風水如下：坐未向丑，旺丁不旺財局。所以酒店「爆」滿，賭場亦「爆」滿且較易輸錢。正門入去之後為獅子胸腹，本被吞食但因此局有重重生出之象，因坐方向星為七，七屬金，中宮向星為一，屬水；大門向星為四，屬木，所以有金生水，水生木重重生出之象；再加上今年大門流年向星為九，屬火，雖然四九合金，但亦無用。至於九五年流年向星為八，亦為生出，所以九四、九五年間我們在這裏會較易勝出，所以不妨小賭。

祝各位旗開得勝，小賭怡情！

北京風水（寫於：一九九四年）

數日前，應客人要求到了北京一趟，我當然亦藉此機會研究一下北京的風水運勢。看北京風水，自然先從紫禁城看起。紫禁城坐向為坐正北向正南，即風水學上所稱的子午線。因為以前北方風水的布局習慣，一定是坐北向南，水位在東邊，不論是王公貴冑或是廟宇均如此取向。因為坐北向南水在東，為三元不敗之局，意思即可以把地運加長而達至運運皆通之象（但這當然是不可能的）。

北京整個布局為正方形。原先四面均有城牆及城門，分別為東面的東直門、朝陽門和建國門；南面的崇文門、前門及宣武門；西面的西直門、阜成門及復興門；北面的德勝門及安定門等。然而，為了將北京城擴大以利發展，這些城牆均已被拆除。

至於地運方面，因現為三元九運之下元七運（一九八四至二〇〇三年），而下元七運之運勢皆利東面（不論何國何地皆然）。以香港為例，從一九八四年開始便一直往東面發展，而西面則沒有甚麼突破。九龍先從尖東再至紅磡、九龍灣、觀塘、將軍澳、西貢至沙田大埔止。香港島則自中環東移至灣仔、銅鑼灣、北角、鰂魚涌、筲箕灣至柴灣止。

北京方面，這段時間亦會一直向東面發展，但因香港臨海而北京不是，故北京的發展情況是街接街一路伸展開去，先從北河沿大街至王府井大街、東四南北大街、朝陽門南北小街至朝陽門南北大街止，整個過程需時二十年，現在是一九九四年，在七運中間，所以剛發展至王府井大街及東四門南大街中間。據此推算，北京最少還有十年旺運可以發展開去。事實上，今日的王府井大街和我在九二年時看到的已有很大分別，當時的 Benetton 等名店都已消失，代之而起的是地盤處處，準備發展作商業大樓。

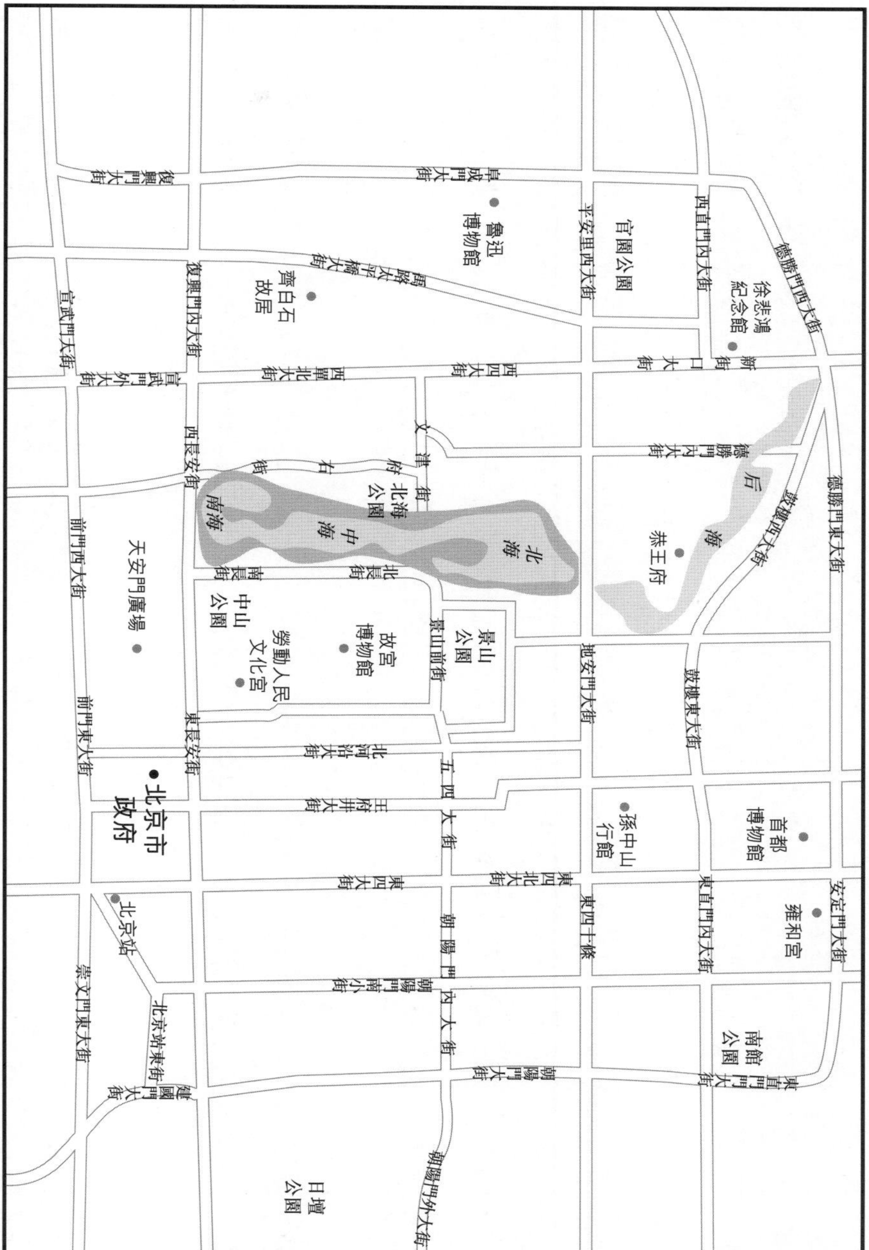
復興門大街
阜成門大街
魯迅博物館
平安里西大街
官園公園
西直門內大街
德勝門西大街
徐悲鴻紀念館
新街口大街
齊白石故居
宣武門大街
宣武門外大街
復興門內大街
西單北大街
西四大街
文津街
西長安街
府右街
北海公園
北海
中海
南海
德勝門內大街
后海
恭王府
鼓樓西大街
德勝門東大街
前門西大街
天安門廣場
南長街
北長街
中山公園
故宮博物館
勞動人民文化宮
景山公園
景山前街
地安門大街
鼓樓東大街
前門東大街
東長安街
北河沿大街
王府井大街
五四大街
北京市政府
孫中山行館
首都博物館
東四北大街
東四大街
東四十條
東直門內大街
安定門大街
雍和宮
北京站
朝陽門南小街
朝陽門內大街
崇文門東大街
北京站東街
建國門大街
朝陽門大街
南館公園
東直門大街
朝陽門外大街
日壇公園

澳洲黃金海岸地運起飛（寫於：一九九四年）

幾天端午假期，應客人之邀到澳洲悉尼走了一趟，同時亦順道往黃金海岸一遊。雖云度假，但我仍不會忘記勘察當地風水。在我的印象當中，澳洲是一個很悶的地方，所以我從來都沒有想過到澳洲旅行。今次免費「遊埠」，感覺尚算不錯，且令我對澳洲大為改觀。

黃金海岸是個度假區，由布里斯班出發，大約一小時左右車程便可到達。這裏的五星級酒店不多，大都是一些小型酒店及度假屋。我到達黃金海岸時是早上七點，酒店要到十點鐘才可以check in，我唯有和我的客人先到另一間酒店的餐廳吃早餐。很奇怪，餐廳裏面一個「洋人」都沒有，見到的都是亞洲人，其中又以馬來西亞人和日本人居多。細問我的客人，他説因近年澳洲經濟不好，地價低落，吸引了很多日本和馬來西亞的財團到來投資建設。日本人多數投資在黃金海岸，馬來西亞人則投資於悉尼市區，兩者都在收購舊建築物，重新建設。

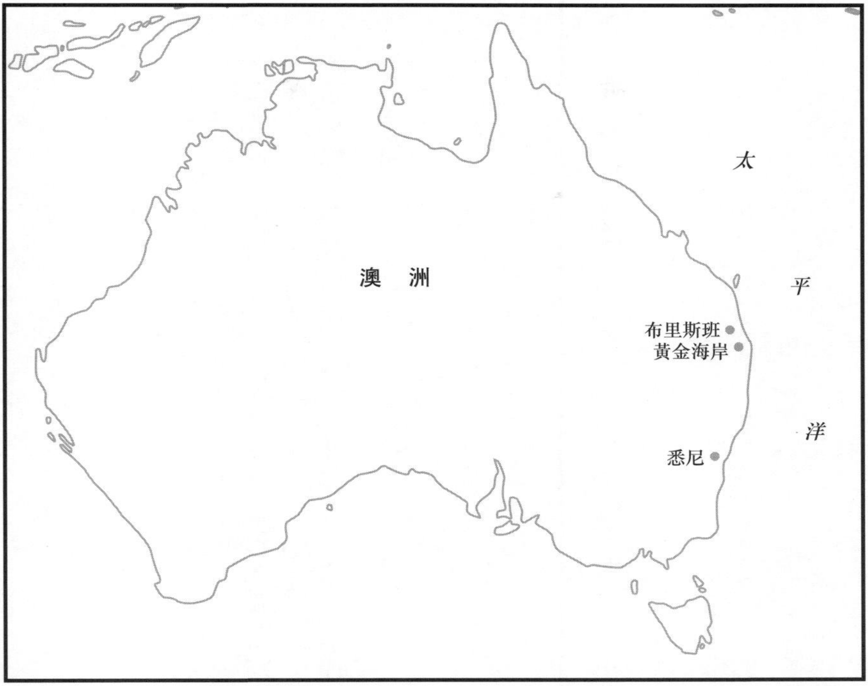

黃金海岸位於澳洲東北，面向太平洋，是個很平靜的地方。市中心在內河及太平洋中間，所以很多人都把房子蓋在河邊，而且他們都有自己的遊艇和私人碼頭，由於市內河道四通八達，故人們外出亦多用遊艇，方便非常。

黃金海岸本以平房居多，但自七運後（一九八四至二〇二三年），因水位位於東面，發揮了地運的作用，於是便有大批日本人前來投資發展，大量興建現代化之房屋和高樓大廈，與仍然存在的平房相映成趣，構成了一幅美麗的圖畫。

黃金海岸市區也有很多日本人開設的店舖，做其「鄉里」的生意；又有日本人開設的「電影世界」、「海洋世界」及「夢幻世界」等等，真是不勝枚舉，連我參加的潛水活動，七個人中就佔了五個日本人，可見黃金海岸確成了日本人的天下。

我相信，黃金海岸乘着地運起飛，將會更加興旺，雖未必能取代夏威夷，但想來亦會不遑多讓。

澳洲悉尼風水形局（寫於：一九九四年）

在澳洲的黃金海岸玩了幾天後，隨即飛到悉尼（雪梨），正式「開工」。

我的客人在澳洲之生意，是以經營螺絲為主，我花了一日時間在他的辦公室勘察，又把他的員工之八字排出來加以配合，便完成了我在澳洲的工作。其餘時間，我就用來遊玩和順道了解澳洲的風水形局。

悉尼位在澳洲正東，面對太平洋，中間隔着一個海港，把悉尼分為南北兩面，其中以北悉尼地區較好。

至於地運方面，悉尼水位亦在東面，理應地運起飛，但市內寫字樓空置率居然達五十個「巴仙」，可謂驚人之極。雖然近年有不少東南亞財團來投資，但因受整個澳洲地運影響，發展比較緩慢，不似黃金海岸般有活力。

而事實上，從悉尼海旁的歌劇院、貫通南北澳的海底隧道及碼頭旁新建的大型購物

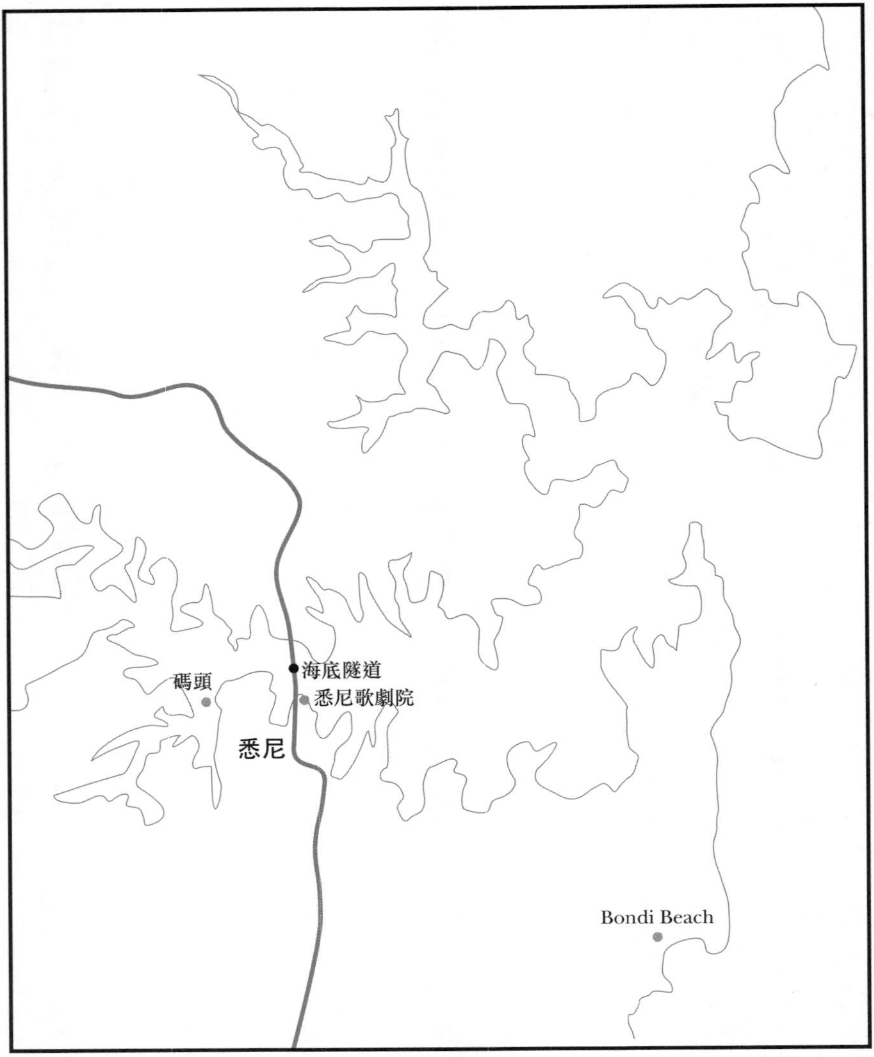
海底隧道
碼頭
悉尼歌劇院
悉尼
Bondi Beach

商場等看來，都可以說明悉尼本有不錯的地運。

只可惜的是，這兒的物價和日常開支都非常不合理或昂貴，例如碼頭旁的大型商場內所售商品的價格會比外面高幾倍，令這個本應吸引遊客的地方冷冷清清；又例如一程公共汽車的收費是二元半澳幣，相等於十四元港幣；停車場收費亦很驚人，八元澳幣已算「最低消費」了。

此地一般人的平均收入一年約二萬至三萬元澳幣左右，有三萬元一年的已算不錯。稅率平均約三十個「巴仙」，除稅後每個人的收入已是「所餘無幾」。

至於悉尼的另一邊，是著名的度假區 Bondi Beach，亦即我下榻的地方，相對起來算是較有活力，且遊客亦集中於此，比悉尼市區熱鬧得多。但這兒畢竟是遊客區及度假消費的地方，加上海灘水位向南兼正在退運，對悉尼整體經濟起不到很大作用。

我想，雖然悉尼水位在東，略作凹入之狀，必然可以發揮地運的作用而逐漸興旺，但若當地的物價或政府政策仍是如此不合理，相信一定會拖慢悉尼整個地運的發展。

加拿大之溫哥華風水地運（寫於：一九九六年）

加拿大原本是一個我從沒想過要去的地方，因為心目中的加拿大是一個很悶又沒有甚麼名勝古蹟好看的地方；所以本人姊姊移民到加拿大超過二十年，亦從沒想過要去探望她一家人。直至八八年冬，應學生邀請到加拿大之卡加里，才開始我到加拿大之第一次，誰知有第一次以後，便再有很多很多次，主要是因為移民去加拿大的香港人日漸增加，我的學生已遍布在溫哥華、卡加里、多倫多、渥太華、滿地可等地。

這些地區中，我最喜歡的是滿地可，因為當地不管是地方還是人的打扮，都比較漂亮，可玩樂的東西及地方亦較多，以桌上舞而言，相信很多去過加拿大的人都會一看；但是男性的桌上舞，我第一次還是在滿地可看到，雖然本人不是基民，對男人亦沒有甚麼興趣，但是見識一下亦無妨。

在加拿大表演桌上舞的，不論男女皆脫個清光，而且還可以邀請他們在你面前表演。在那邊表演的桌上舞娘，並不是每個都漂亮，但那些表演男郎則個個年青英俊，舞亦跳得很勁，所以那些女士們看得如癡如醉，還不時大聲呼叫，有些女兒還會帶母親去看舞男表演、慶祝生日；最好笑的是她們還會邀請那些舞男在媽媽面前表演，當我看到舞男在那些女士面前脫光衣服，那不文之物左搖右擺，把她們看個目定口呆時，覺得實在很好笑。

除滿地可外，第二個我喜歡的地方要算是溫哥華了，因為溫哥華原本是加拿大退休人士的熱門居處，所以極為寧靜。記得八八年我到卡加里的時候，途經溫哥華機場，一出機場後便有悶氣沉沉之感覺；直至八九年應邀再到卡加里勘察風水，再從那邊開十一個小時車到溫哥華，才展開溫哥華的旅程，但因時值寒冬，溫哥華下雪而溫度又不夠低，所以下雪後踏在地上時，雪都變成水，弄得整條街都濕濕穢穢，感覺很不好。

直至九〇年夏天，再應邀到溫哥華勘察風水，對其印象才得以改觀，因夏天的溫哥華天氣良好，且到處綠樹林蔭，有河景，亦有海景，空閒時可在海邊喝杯咖啡，坐一個下午，看着那些水上飛機起起落落，十分寫意。

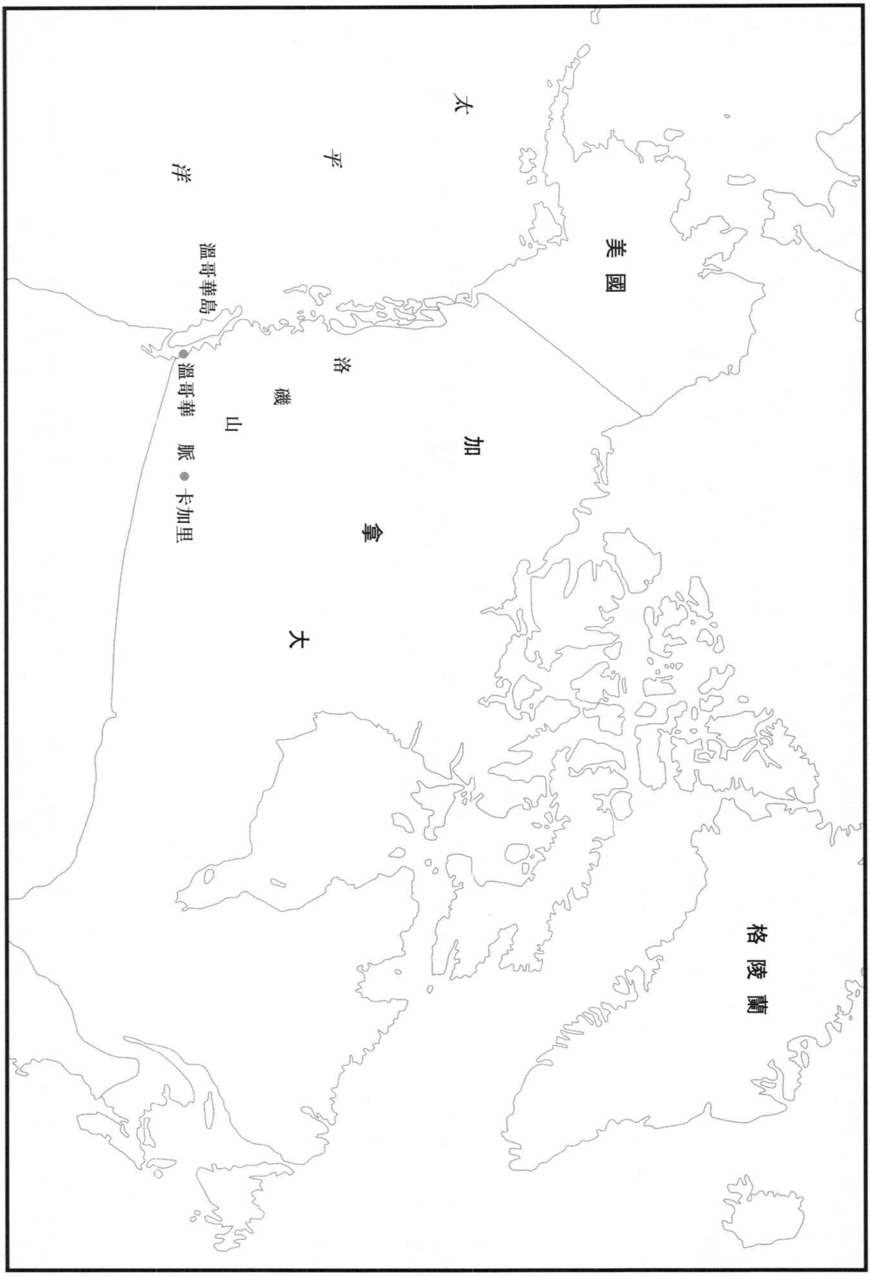

太平洋
溫哥華島
美國
溫哥華
洛磯山脈
卡加里
加拿大
格陵蘭

正如我開頭所説，溫哥華是一個退休的地方，對退休人士來講則十分適合，但對年青力壯、正在搏殺時期如我之輩，則並不十分適合。

風水方面，因溫哥華地處加拿大的西岸，其地理形勢，東為洛磯山脈，西為太平洋，而溫哥華之海岸線略帶傾斜，傾向於西南方，外有溫哥華島照應，實不失為一福地，但可惜現為下元七運，利東水西山，而溫哥華則剛好相反，所以元運未至，未能興旺起來，但相對加拿大的其他地方，已算不錯，待二〇〇四年地運轉移後，必能興旺起來。

至於內局方面，溫哥華主要街道為甲庚，壬丙，甲山庚向及庚山甲向，皆為損財傷丁之局，而壬山丙向則旺財不旺丁，丙山壬向則旺丁不旺財。在理氣而言並非佳局，雖云上山下水局亦可用城門訣救之，但是溫哥華那邊的房子跟香港不同，不是你要更改大門便可更改，只有期待八運來臨，才可轉變。

至於市中心，街道的排列與大溫哥華市其他主要街道有所不同，為辰戌丑未四個方向，形成部分街道旺財旺丁；所以那邊商店林立，行人熙來攘往，為整個溫哥華市的商業、經濟及金融中心，實有其道理。

總而言之，溫哥華地運未至，需待二〇〇四年八運之後，才可興旺起來。

加拿大卡加里風水（寫於：一九九六年）

卡加里是加拿大一個內陸城市，與溫哥華相隔十一個小時車程，但因當中為洛磯山脈，要是從溫哥華開車進入卡加里便需穿越洛磯山脈，如在夏天可以沿途欣賞洛磯山脈的風景，在冬天則較為危險，尤其若你沒有在冰天雪地開車的經驗則更甚，如遇上大風雪則更難應付，但從溫哥華乘飛機進入卡加里則只需半個小時。

卡加里是一個較為年青的城市，人口只有數十萬，而當中有數萬名中國人，唐人街只由兩三條街組成，還有舊式的餅舖及出售中國蔬菜的雜貨舖，當然更少不了的是滙豐銀行。

卡加里是香港人近年移民的熱門地點，本人之學生便有數人移民此處，承他們的邀請我亦得以到此一遊，從八九年第一次踏足此地到現在為止，差不多每個農曆新年都會再去一遊，順道為當地華人服務，亦因此累積下不少熟客，但可惜此數年間加拿大經濟每況愈下，引致我大部分學生都回流返港，重新開始，所以自九五年新年到現在我便沒

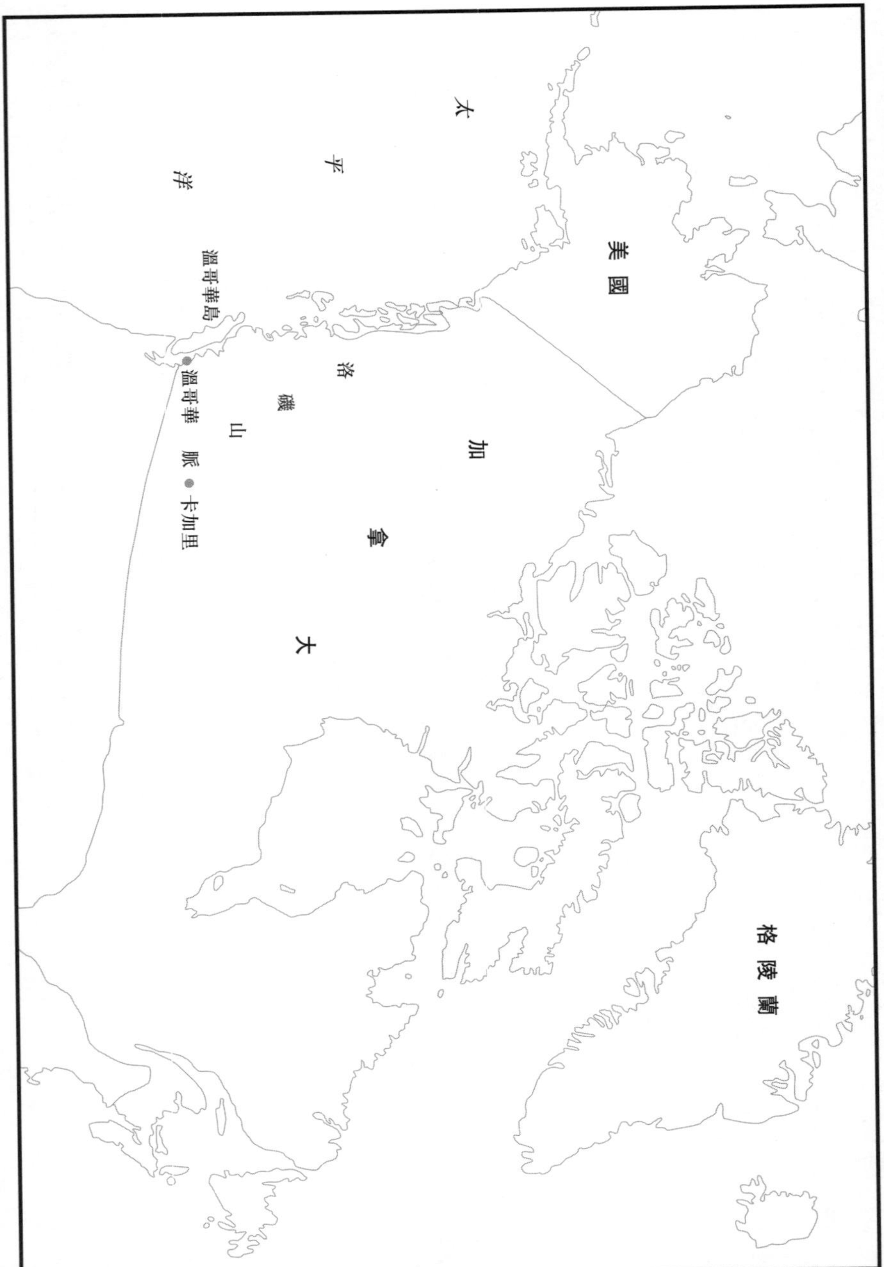
太平洋
美國
溫哥華島
溫哥華
洛磯山脈
卡加里
加拿大
格陵蘭

有再到此地了。

卡加里西面為洛磯山脈，東面則較為平坦，當中有一條河流，把卡加里分為南北兩面，南面為主要市中心，市中心外圍是大廈式住宅，再往外則為平房區，而近年新開發展區亦多在此處，尤其是東南區。河的對面為高級住宅區，較為平靜，再遠一些亦為平房區，記憶中，工廠區好像也在北面。

卡加里為現代化設計城市，市中心由一街開始，一路伸延，橫直二條主要道路把卡加里分了四個區，東南，西南，東北，西北。而市區邊緣亦有高速公路包圍，所以在此地任何一個起點到任何一個終點都不會超過三十分鐘，交通可説極之方便。卡加里是一個石油城市，油價的起落對她影響最大，可惜近年油價低落，再加上整個加拿大經濟停滯不前，甚至每況愈下。

卡加里冬天極為寒冷，每每出現零下二三十度之氣溫，零下十度以上便算是好天氣了。卡加里夜生活跟加拿大其他地方差不多，亦是的士高、酒吧及脱衣舞等，但華人則喜歡到卡拉OK唱歌。

卡加里不是一個遊客區，但在她旁邊的Banff及Lake Louise則是舉世知名的度假旅遊滑雪勝地，每年不知吸引多少遊客到來，尤以日本遊客居多。從卡加里到Banff只需一個多小時車程，此處是到Lake Louise途中的必經之路，是一個很細小的市鎮，到此旅遊的客人多在此落腳；又此處是一個國家公園，沿途上你會見到很多動物在雪地上走過，自由自在地在生活，不受人類之煩囂影響，給人充滿大自然的感覺。

從Banff到Lake Louise只需十多二十分鐘車程，且湖的旁邊有一座舊式酒店，可坐在酒店咖啡室內，觀賞湖邊的景色。此湖冬天夏天的景致截然不同，夏天時鳥語花香，還可以泛舟湖上細心觀賞，雖然在炎夏之時，但山頂還是掛着厚厚的冰塊，給人清涼暢快的感覺。到了冬天，湖面會結着很厚的冰塊，可以在上面滑冰，且到處都會給厚厚的雪蓋着，整個大地都是一片白茫茫，給人有脱離塵世之感覺。

風水方面，卡加里西面是洛磯山脈，相對東面則較為平坦，市中心為棋盤形設計，風水本來不錯，但可惜受加拿大整體經濟影響，再加上油價下跌，以致不能興旺起來，實為可惜。

Lake Louise 方面，酒店的坐向為辰戌向，在七運為當運之線，再加上江東水，其運當由一九六四年興旺至二〇二四年為止。各位讀者如有機會到溫哥華一遊，切記不要錯過順道到 Banff 及 Lake Louise 遊覽。

美國三藩市風水（寫於：一九九六年）

三藩市位於美國西岸，為美國西岸大城市之一，有國際機場可直達世界各地。三藩市位於洛杉磯之上，中間為著名之美國賭城拉斯維加斯，如從洛杉磯開車前往三藩市，行走高速公路大約需時八個鐘頭；亦可沿海邊開車前去三藩市，途中可一覽西岸沿途之風光，但需時更久。亦可乘內陸機飛往三藩市，則只需一小時左右。

至於從賭城去三藩市，雖然好像近一些，但其實不比從洛杉磯前往三藩市時間少，因為三藩市、拉斯維加斯及洛杉磯之地理位置呈三角形，拉斯維加斯距離洛杉磯較近，只需四小時車程，而距離三藩市則較遠，車程起碼要六小時以上，所以居於三藩市之居民，多數會去較近的另一個賭城RENO。RENO距離三藩市之車程與洛杉磯去拉斯維加斯的車程同為四個小時，但RENO則遠遠不及拉斯維加斯有名，是因為較新之關係，而且處於RENO會有如在沙漠之感覺，有時大風吹過的時候會連着沙粒一起吹來，有刺面的感覺。

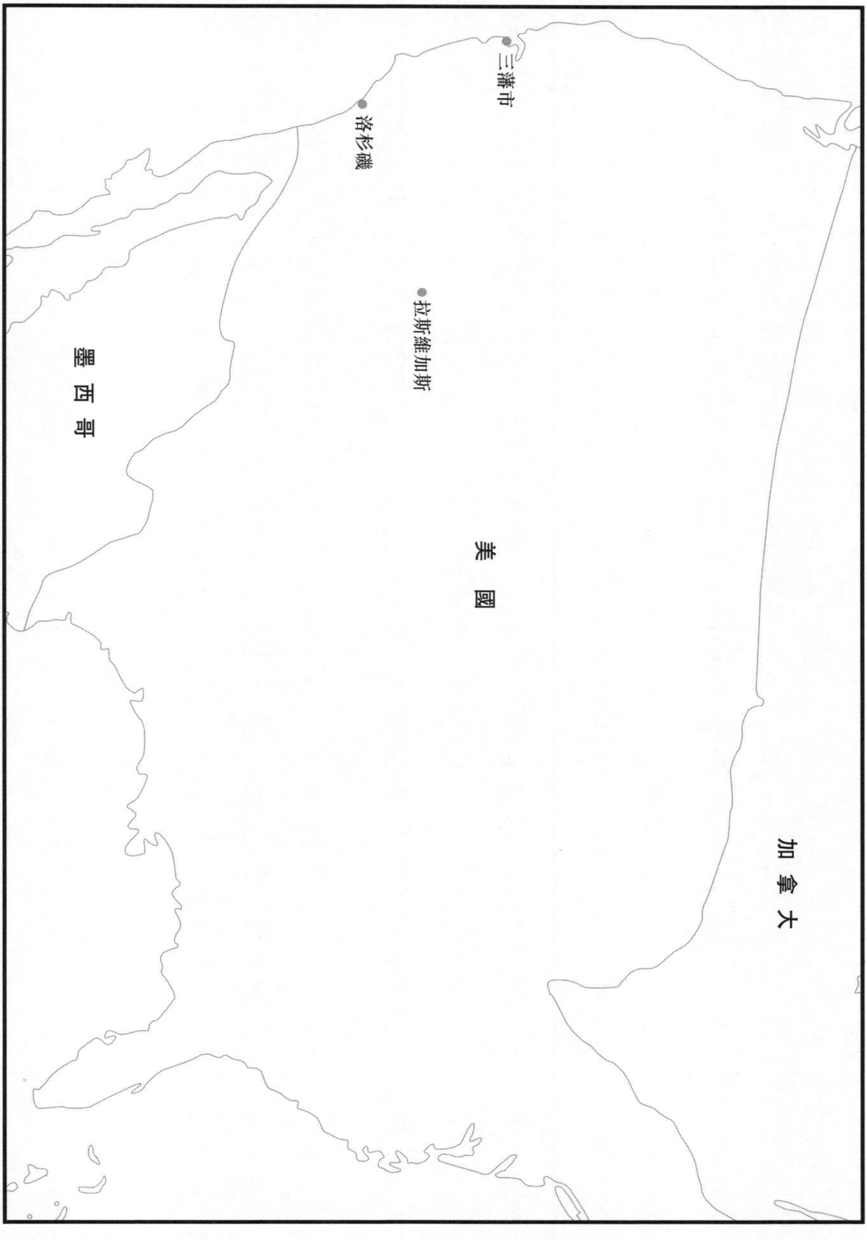
三藩市
洛杉磯
拉斯維加斯
墨西哥
美國
加拿大

其實RENO好玩之處不低於拉斯維加斯，因為鄰近RENO的旅遊滑雪勝地Lake Tahoe非常有名，很受本地遊客歡迎，但外地旅遊人士則不大熟悉。

至於三藩市方面，為美國西岸之兩大城市之一，與洛杉磯同為著名之國際城市。且三藩市的旅遊點不比洛杉磯少，計有著名的金門大橋、渥倫橋、漁人碼頭、亞洲花園、市中心之電車及著名的曲街等。

在三藩市旅遊非常方便，可以到三藩市後才參加市區一日遊及去RENO賭城之兩日遊等團。市區一日遊會帶你參觀三藩市著名的亞洲花園、金門大橋、渥倫橋及到三藩市之最高處，讓你把整個三藩市盡收眼底，到最後你可以在漁人碼頭附近下車，徒步前往漁人碼頭。

三藩市之市區人流很多，熱鬧非常，給人較安全之感覺；而漁人碼頭附近則更為熱鬧，那邊有各式各樣的餐館可供選擇，亦有很多出售紀念品的禮品店，你可以由下午一直消磨到晚上，一嘗美國人悠閒之生活情趣。

至於去RENO賭城之旅行團則更為化算，兩日一夜連酒店的，團費只在四五十美元之間，包食包住，玩足兩天，夜間更宿於著名的Lake Tahoe內之酒店。但要切記，如果跟足旅行團之行程，會在很多賭場停下，更會給你五元至十元現金，拋磚引玉，等你放下一些錢以便他們把津貼在你身上的錢賺回；但如果你是一個完全不會賭錢的人，到每個賭場把他們給你的錢留下，這個行程你一定可以免費享用，但我則沒有這個本事。

至於風水方面，三藩市由很多小山丘組成，連綿不斷，但山勢緩慢，有情而無氣勢，為陰柔之地，與新加坡地形有相近之處，在那邊居住的人性格較為溫和，但亦有利同性戀之發展，因山勢高而有氣勢則出勇猛大將，山勢低矮連綿而不斷且水位成曲象則出謀事參軍，但在現代亦代表易出同性戀及陰柔之人。

其實三藩市是一個很有利於商業發展之鬧市地方，但可惜七運旺東面水，而三藩市則為西面水位，在七運一九八四至二〇〇三年間極為不利，所以引致八九、九〇年間三藩市發生大地震，元氣至今仍未恢復，但最低之關口應在一九九四年，九五年以後應漸入佳景，待至二〇〇四年八運以後，必有驚人之發展。

新加坡風水（寫於：一九九六年）

新加坡位於中南半島之南端，亦即西馬來西亞之末端。新加坡雖為島國，但有橋樑與馬來西亞之新山市連接，從陸路亦可開車前往；而亦有部分人從泰國出發，穿越馬來西亞再到新加坡，交通可説極為方便。如從香港乘飛機前往新加坡，亦只需三個多小時。因新加坡是一島國，所以運運皆有可取之處，但因現為下元七運，利東邊來水，而新加坡位於西馬來西亞之末端，可承接泰國及馬來西亞之來氣，且其下面為印尼，亦有收水之作用，所以新加坡能成為亞洲四小龍之一實在有其道理。

新加坡機場及主要商業區皆位於東面，而新加坡之新新加坡河，亦流出東面大海，而海邊亦呈凹入之狀，有利於收取東面旺氣，所以新加坡地運亦從一九八四年開始至二〇〇四年為止，當中一九九四年為高峰期。

新加坡之地理位置與商業條件跟香港有很多相似之處，例如兩地同為自由港及低税率地區，易於吸引歐美之投資者，香港有大量之內地資金湧入，而新加坡則有大量馬來

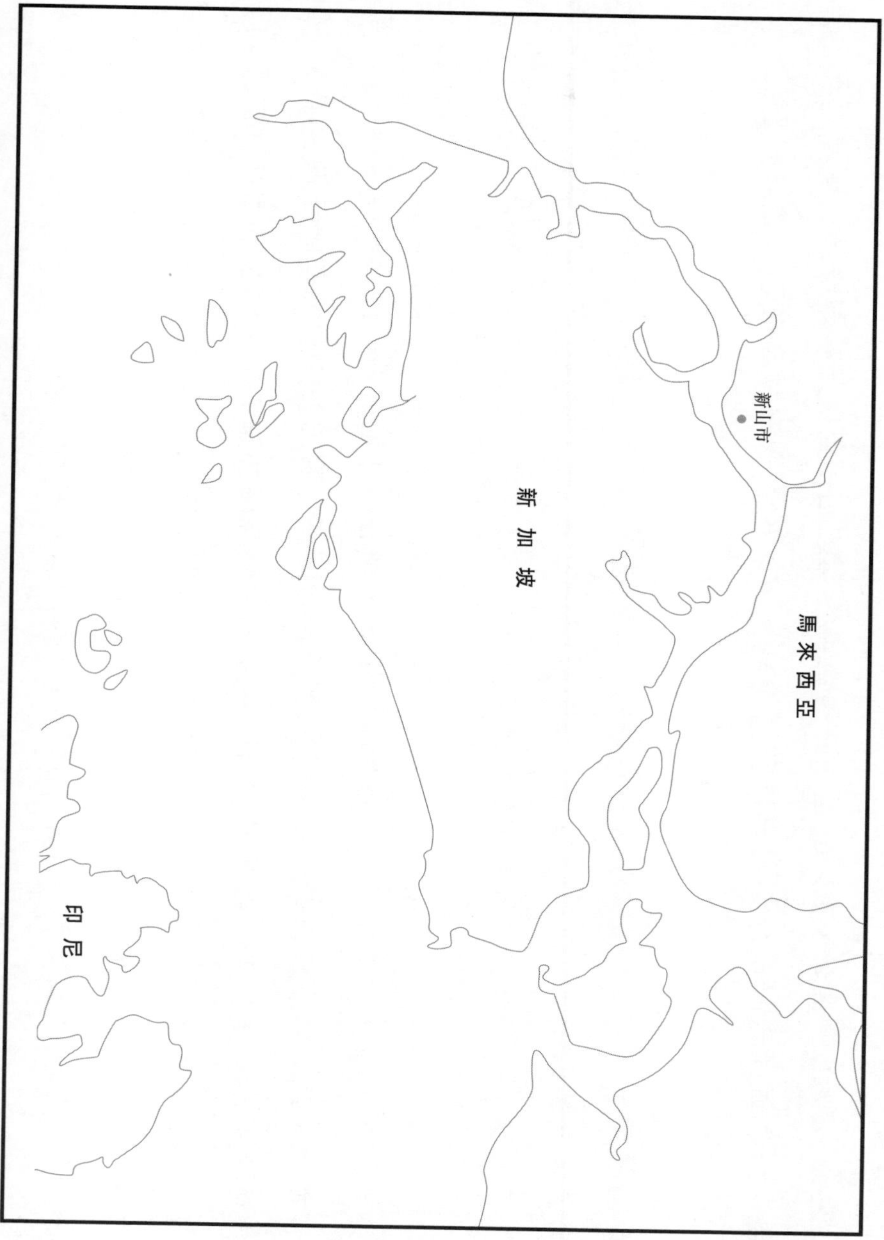
新山市
新加坡
馬來西亞
印尼

西亞及印尼之資金投入，把房地產推至極高峰，但亦跟香港一樣於九五年間回落。而香港跟新加坡皆無天然資源，同樣靠加工、製造及服務行業起家，但近年來香港與新加坡開始各走極端，新加坡傾向於高科技發展而香港則較注重服務業、轉口業及旅遊業，但究竟兩地誰會較成功呢？從經濟角度而言，因本人並非經濟學家，所以無從分析；但從風水地理角度而言則香港較為優勝，因香港有九曲來水之象，且東出為太平洋，又有群山拱護，氣勢寬宏，且香港為回龍顧祖局，過峽迎送有情，當有六十年地位，從一九六四年至二〇二四年止。

新加坡則為靈蛇吐舌之局，雖亦為佳局，新加坡之地脈從中南半島發下，經泰國、馬來西亞而達至新加坡，其氣集中而下，無半點分散，實為一大地，但可惜新加坡無群山照護，且大多為平坦地帶，如發展房地產則較為容易，跟香港地小山多，平地多靠填海得來極為不同。

因兩地地勢不同從而產生不同之人性，香港有群山拱照，而山之形狀有豐滿、瘦削、皮光肉滑、甩皮甩骨等各種不同形狀，從而產生不同之人種，有善、有惡、有忠、有奸、有真情有無情等等，而新加坡則不同，因新加坡為靈蛇出洞之局，且地勢平坦，故多出陰柔斯文之人，做事先禮而後兵，可謂與香港極為不同。

又新加坡之局為靈蛇出動或靈蛇吐舌，故一吐即收，其運恐二〇〇四年後開始冷退。但有一可喜之處是二〇〇四年後印尼西部地運起飛，如新加坡能配合地運，二〇〇四年以後轉向西南發展，則當另有一番景象。

至於生活方面，正如我所前述，新加坡大多為平地，易於發展房地產，所以以居住環境而言，香港則遠遠不及新加坡，記得我在新加坡的時候，曾去朋友的家庭探訪，他的住房是多層式建築物，但裏面的單位都是複式設計，面積有千多呎，細問之下，原來都是政府提供的房子，實足以讓我這個香港人羡慕一番；但除了住屋方面，我對新加坡的其他地方則不見有特別感覺，新加坡既無名勝古蹟，亦不覺得有值得特別一看的地方，所以新加坡比較適合一些喜歡生活穩定，喜過平淡生活之人士居住，而旅遊則去一次以後，相信五年以內不會再去第二次。

台北風水（寫於：一九九六年）

筆者因工作關係，常常往來香港與台灣之間，印象中，本人在九〇庚午年間到台灣的時候，那邊最為風光，經濟最旺盛，而自九〇年後，每次再到台灣便有每況愈下之感覺，尤其是今年（丙子年）更為明顯。台灣自九五年中開始，股票、樓市低迷，百業不興，與我庚午年去台灣的時候有千里之別，究竟台灣是否從此一蹶不振呢？還是低潮過後還有復興機會呢？

我們先從台灣的地理形勢分析，然後再看台北形局，便會一一了解。

台灣位於中國東南部，與福建省平行而立，自從八四年行東邊水運後，台灣便逐步興旺起來，至九三年為止，九四、九五、九六年為調整期，九七年略好，九八年之後再度興旺至二〇〇三年止。

本來台灣之形勢傾斜，不能承接東邊水運帶來之好處，尤幸台灣之西面與福建省成夾拱之勢，致使能把東海下來之氣，夾於台灣、福建之間，然後再緩緩流至廣東，使三個地區皆得到好處。所以台灣如沒有福建之助便不能吸收東海下來之氣，福建如無台灣夾拱，亦不能承接東海下來之氣，故此，兩地可謂相輔相成。

至於台北為台灣之控制點，所以其地運亦相當重要。筆者記得一九八五年以前去台北的時候，多在西區一帶落腳，東區尚未發展起來，但在這幾年間筆者再去台北則未有再到過西區，不論住宿遊玩皆會在東區，皆因台北亦受地運東移之影響，所以東區在一九八四年後便逐步興旺起來，除了最為人熟悉的忠孝東路外，其他如台北市政府、台北世界貿易中心皆在東區，百貨公司及這幾年新落成之五星級大酒店更不用說，如遠東飯店及凱悅飯店等等。

那台北的興旺是否就單靠地運東移呢？這個當然不是，更重要的是要配合台灣的地運及台北的道路走向。

台北貫穿東西的主要道路為南京東路，忠孝東路、仁愛路、信義路及和平東路等，

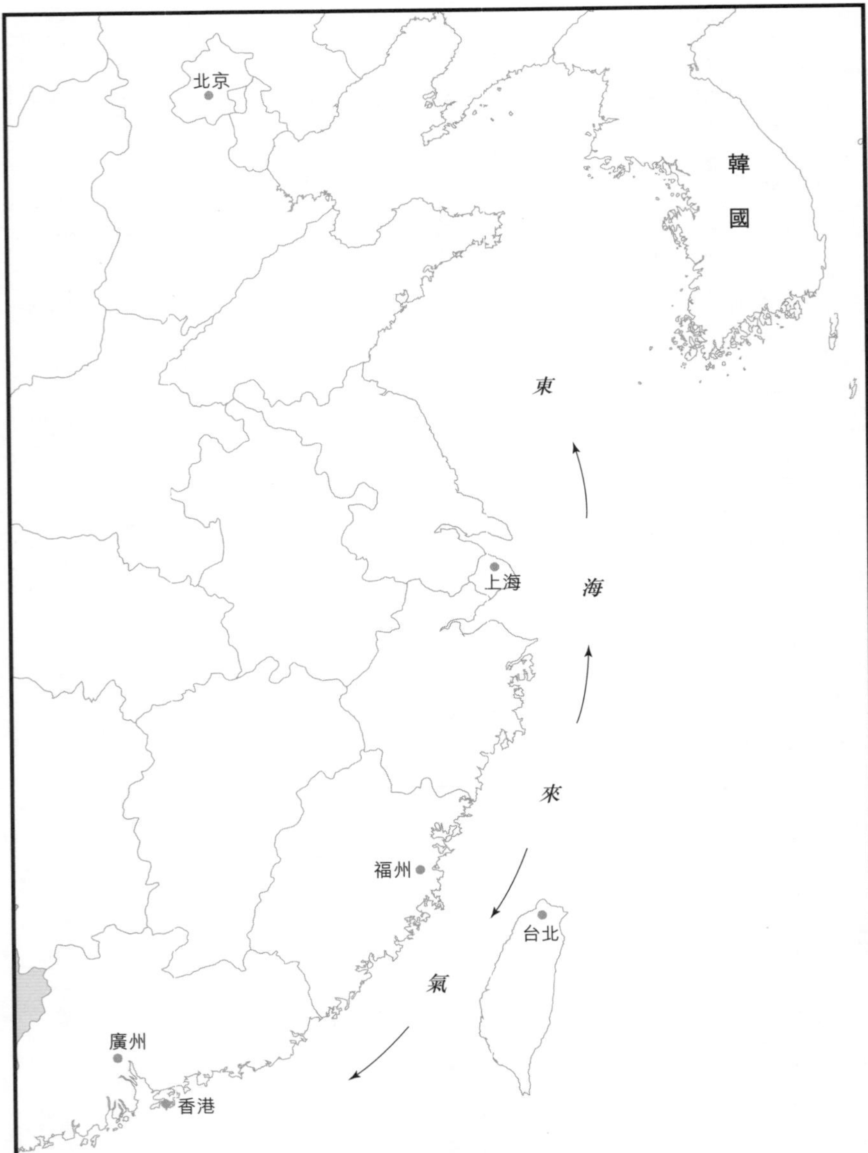

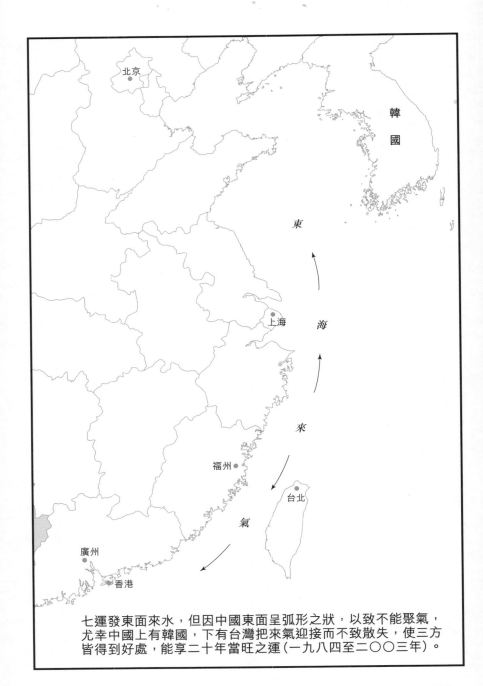

七運發東面來水，但因中國東面呈弧形之狀，以致不能聚氣，尤幸中國上有韓國，下有台灣把來氣迎接而不致散失，使三方皆得到好處，能享二十年當旺之運（一九八四至二〇〇三年）。

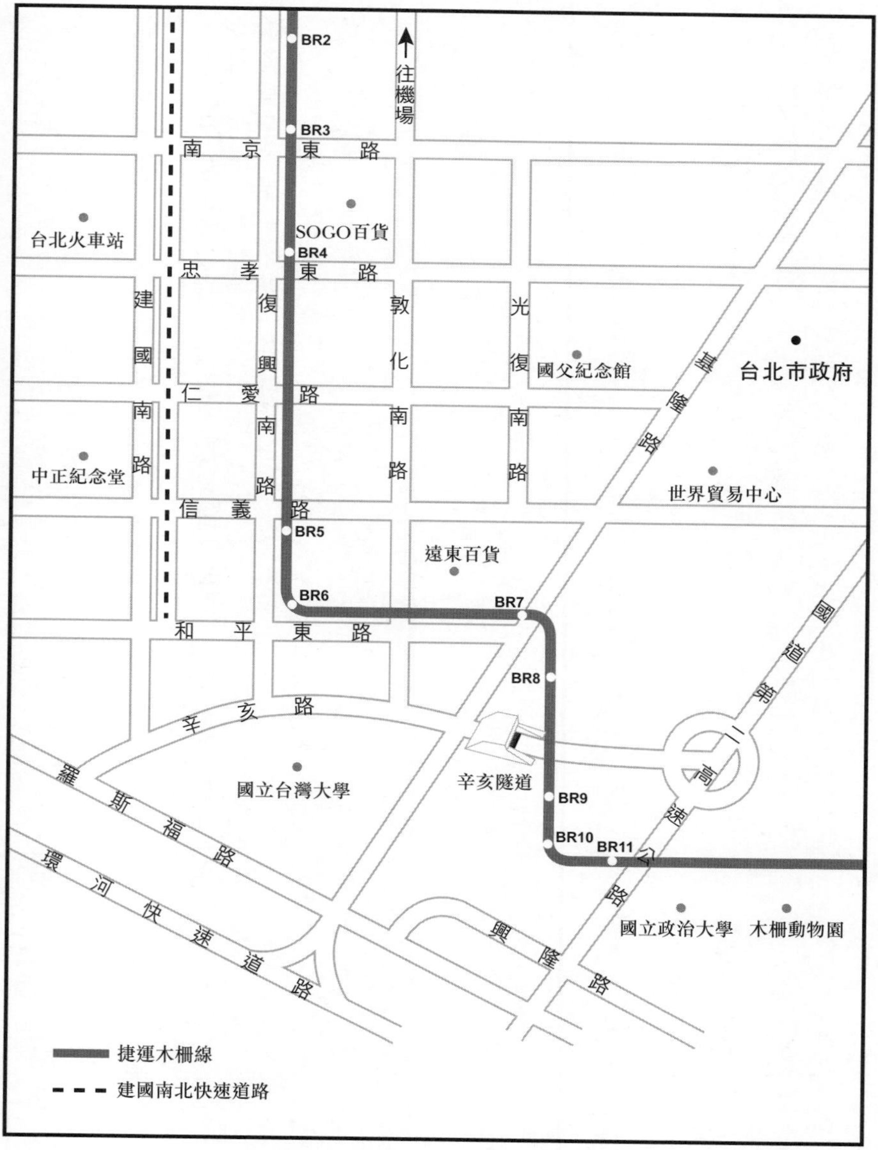
BR2
往機場
BR3
南京東路
SOGO百貨
台北火車站
BR4
忠孝東路
建國南路
復興南路
敦化南路
光復南路
國父紀念館
基隆路
台北市政府
仁愛路
中正紀念堂
世界貿易中心
信義路
BR5
遠東百貨
BR6
BR7
和平東路
BR8
辛亥路
國立台灣大學
辛亥隧道
國道第二高速公路
羅斯福路
BR9
BR10
BR11
環河快速道路
國立政治大學
木柵動物園
興隆路
捷運木柵線
建國南北快速道路

這幾條路都是從西至東平行並排，且元運正盛，其運當至二〇〇三年。

而由南至北之主要道路為光復南路、敦化南路、復興南路、建國南路等，亦為當運之向，且為三元不敗之線，只要台灣地運不衰，這處地運便不會衰退，可謂極佳之局，各位讀者有空的話，不妨去作印證。

西藏之旅

西藏位於中國西南邊陲，上接新疆、青海，右面為四川，左面為印度、巴基斯坦，下面則與尼泊爾、不丹接壤，所以很多遊人到西藏以後，會再轉往尼泊爾、印度等地繼續旅遊。

西藏西北為高原地帶，東南則為低地，但高度亦在海拔三千公尺以上，西北地區更在海拔五千公尺以上，所以有云西藏是除了南北極以外第三個最難生存的地方，記得當年到西藏流浪的時候，亦目睹遊人因高山症而死亡。

前去西藏的方法有兩種，一是坐飛機進去，二是從陸路進入，兩種辦法以陸路進入為佳，因坐飛機前往比較容易發生高山反應，陸路前往則逐漸適應，比較安全。但從陸路進入則必需有充分時間才成，因為從香港出發，不論從四川至拉薩、雲南至拉薩、或青海至拉薩，皆需要一個星期以上的時間；如果選擇從新疆至拉薩，即使馬不停蹄亦非要十天時間不可，當年我便是從這條路線進入西藏。

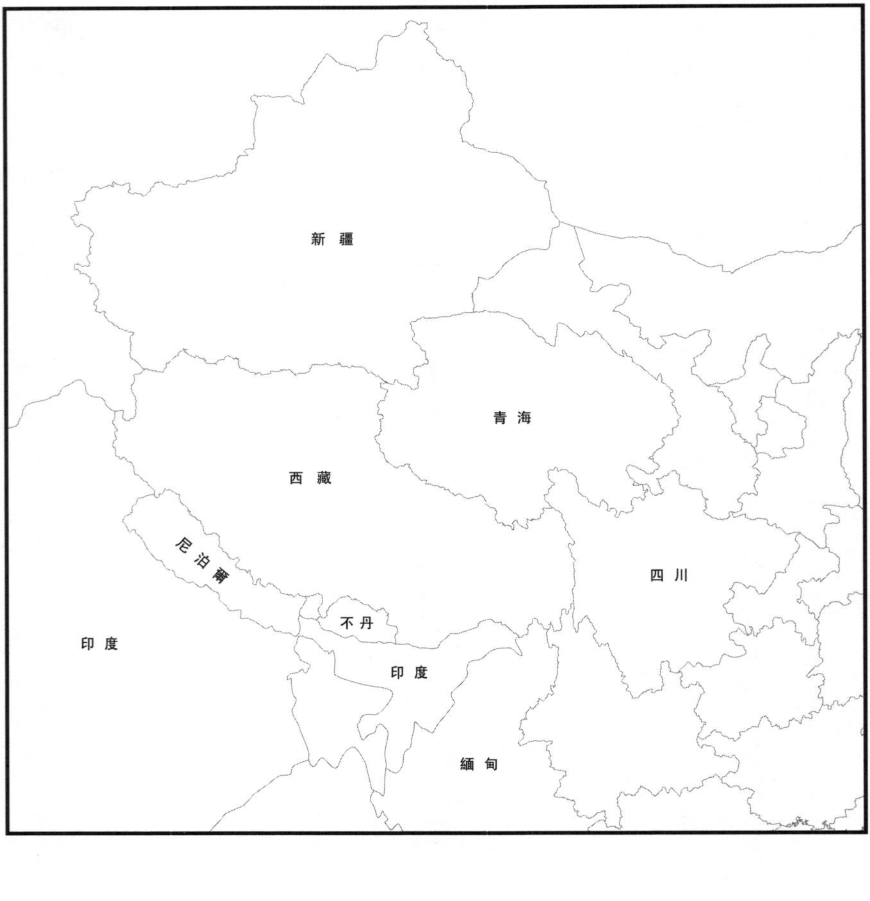
新 疆
青 海
西 藏
尼泊爾
不丹
四 川
印 度
印 度
緬 甸

我去西藏的時候是從香港出發，到廣州後坐四十四個小時火車到西安，在西安逗留一個星期後到烏魯木齊，在烏魯木齊的時候順道到天山天池稍作停留，而後從烏魯木齊坐了三天半巴士至喀什。喀什為全世界最內陸的城市，亦為絲綢之路中國的終點，再從喀什坐一天車便到巴基斯坦，但當年我並沒有轉道到巴基斯坦，反而再深入新疆與西藏的邊界葉城。

葉城是中國的軍事區域，並不歡迎外國人進入，尤幸我手持的是回鄉證，且目的地寫明去西藏，才可以買到由喀什去葉城的巴士票。當我抵達葉城後，想進一步從葉城到西藏的獅泉河，真正的問題才出現——因為從新疆到西藏的唯一方法是從新藏公路坐四天車前往，但新藏公路為四條進入西藏公路中最危險的一條，全年有七個月以上是冰封不能行車，所以並沒有公共汽車前往，如要從此地到西藏，則要乘搭從新疆運貨到西藏的貨車，但因司機及坐車的多數為西藏人，且路途又異常危險，他們都不願承擔接載我這個外人進去的責任，怕萬一有生命危險，政府要他們負責，他們擔當不起，以致我在葉城呆等了一個星期，才打探到有一批從北京派來要到西藏考察的人，於是我馬上到他們住宿的旅館問他們可有空位帶我一同前去，還幸他們不單止有空位且他們所坐的是旅遊巴士，使我不用坐上貨車尾上，算是不幸中之大幸，這一個星期的等待算是沒有白費。

我們從新疆葉城出發，第一天便由平地爬升到三千公尺，入夜後到一個中途站渡宿，這個中途站無自來水、無電、無廁所，只有一張床架，還幸我早有準備，有自己的睡袋，西藏人則用他們的羊皮大衣作保暖之用。我在西藏時雖為六至八月炎夏之時，但因高原地帶，溫差相距很大，中午氣溫在攝氏四十度以上而晚上則跌至只有幾度。

第二天早上起來，馬上出發，這天各人的心情比較緊張，因今天要翻過新藏公路的最高點：界板大山，界板大山高度為六千七百公尺，很容易會引起高山反應，雖然他們帶齊充足的醫療設備，又有醫生隨團出發，但還是要步步小心。到達界板大山後，每個人都下車拍照紀念，因為過了此地界，便正式步入西藏了。

* * * * * *

西藏之旅的後期稿件遺失了，現唯有加上下面補註，論其風水。

過了界板大山後，再坐兩天車程便進入了獅泉河，期間以獅泉河為總部，再去了尼泊爾的邊界普蘭，原本想取道於此去尼泊爾的，但因為關卡關了，唯有再回到獅泉河，在此地去了班公錯、剛仁波齊峰、瑪泊雍錯。回到獅泉河之後再起程前往拉薩、日喀則，然後過尼泊爾。

西藏位於中國的西南部，八運二〇〇四至二〇二四這二十年每一個國家地運都往西南移，但由於西藏為高山地區，地運轉移需時較久，必先在低地束氣後才能一舉上衝，故這十年間四川盆地漸束其氣，不日地運必然加速西移，故在二〇二四前其經濟發展必然能倍增，距今還有八年光景，希望在這段時間西藏能大放異彩。

維港變維河，延禍下一代（約寫於：二〇〇二年）

在風水學上，曲水有情、直水無情，所謂「九曲來水，位至三公」，世上每一個大城市，都離不開有一個婉延曲折之海岸或河岸，又「水靜為佳，水急為凶」。香港之所以能成為一級大城市，全賴維多利亞港之迂迴曲折，水深港闊，水流恬靜，且在維港中央望向四周皆不見出水口，所以能積聚財富，更能在地運來臨之時，乘時而起。香港自一九六四年「六運」開始，有六十年運，此後稍靜下來，等待時運來時必能再次更進一步，但問題是下一個時運再來之時，香港能否再有條件更進一步呢？這除了人之質素外，便要看以後風水形局能否配合了。

香港之興盛有賴於水從珠江而來，經過大嶼山，然後再經馬灣、汲水門，阻慢其勢，再經青衣南北而進入維多利亞港，而維港水深且闊，能納其氣而不致過盛，緩緩而出至九龍城、觀塘一帶小聚，然後再流至鯉魚門。而鯉魚門之出水口略窄，形成來水大而去水小，風水學上「山管人丁，水管財」，水聚則財聚，水流則財散，更妙者其出水

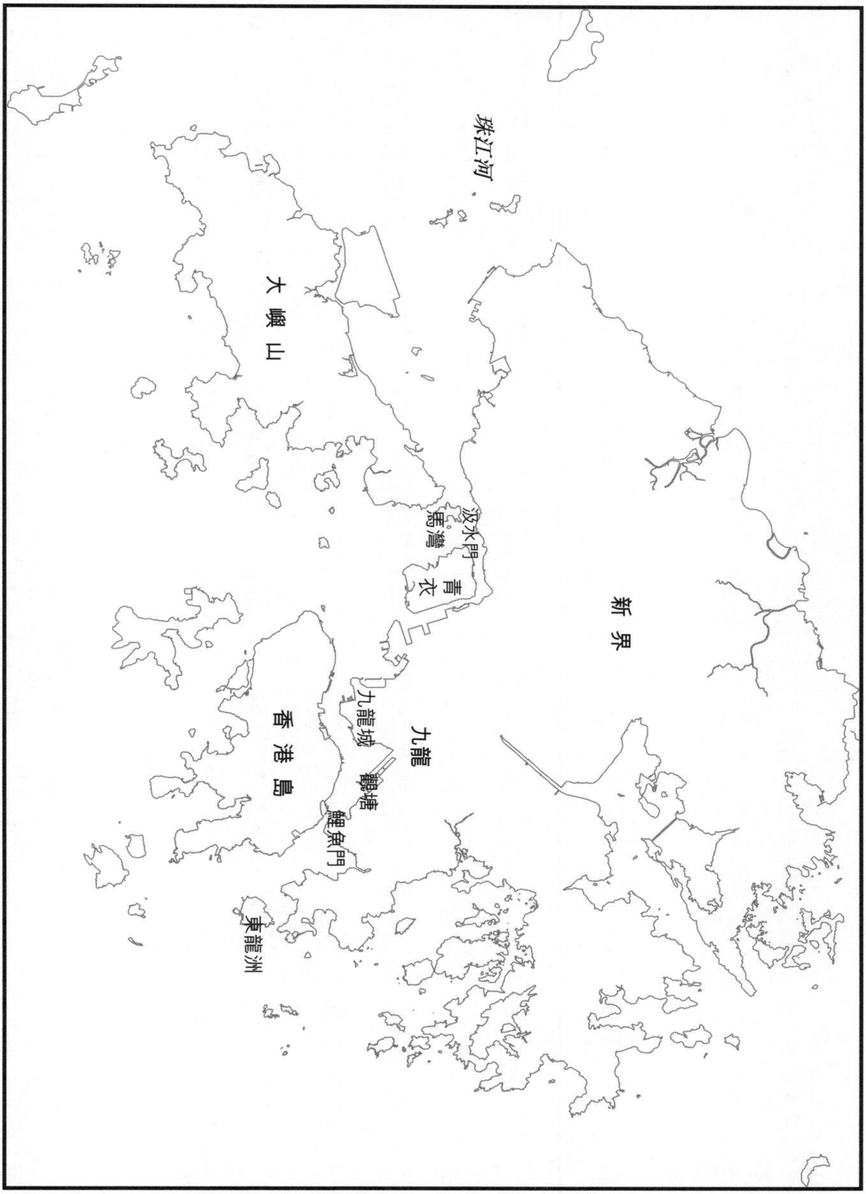
珠江河
大嶼山
汲水門
馬灣
青衣
新界
九龍城
九龍
香港島
觀塘
鯉魚門
東龍洲

口正對着東龍洲而不是直出大海，更進一步把財富留在港內。

雖然維港兩岸土地多為填海而來，但填海也要有一個限度，經過多次填海以後，維港之水流已經變成非常急速，所謂「慢水有情，急水無情」。君不見現在之香港人已變成急功近利，喜搵快錢，如把維港再進一步填窄，其後果實不堪設想。

若把灣仔、銅鑼灣一帶之海填平，又把對岸之尖沙咀擴闊，則必然變成直水，不單破壞整個維港景色，從風水學角度來看，其後果更不堪設想，試想想世界上，有哪一個地方會肆意破壞自己的海岸而不加以保護，只有短視之輩才會殺雞取卵，只顧目前利益而不顧下代人所承擔之後果。

第六章

文王卦講義

占卜業者一般皆以文王卦為用，因其準確性最高，還可得知其事的來龍去脈及所應之日期。

文王卦乃一九八三年我跟老師學完八字後，再進一步學習時所學，期間已經在廟街擺檔幫人看相，老師則幫人算八字及占卦，故筆者習文王卦亦超過三十年，但當中真正有幫人卜卦則不超過十年，而且多為熟客占卜，故外間知我懂卦者不多，惟教導學生則應超過十年，而且很多學生占得比我還出色，乃工多藝熟也。

占卦可算是各種術數中最準的，命相算命一般看宏觀大勢，而卜卦則為測一事而用，因此其準確程度亦較高，所得的答案亦較仔細，唯其如此，故筆者最不喜歡幫人占卦，因我覺得做人對將來知個大概便可，如每事仔細推詳，恐怕便會流於迷信。又學習者一般主要學習如何解卦，如本身懂八字者更事半功倍，因其原理大致是相同的。占卦除了看個人的解卦能力外，其最重要者是個人的靈力，因卜卦過程是個人與宇宙溝通，靈性高者得到的指示自然清楚明瞭，低者或私心重者，即使得到指示也會較為暗晦，故卜卦者如用此來謀私利是一定不會成功的，故此術不能用來占卜賭博之事。

知識篇

一、十天干及所屬五行

天干	五行
甲	木
乙	木
丙	火
丁	火
戊	土
己	土
庚	金
辛	金
壬	水
癸	水

二、十二地支及所屬五行

地支	五行
子	水
丑	土
寅	木
卯	木
辰	土
巳	火
午	火
未	土
申	金
酉	金
戌	土
亥	水

三、十二地支配方位

地支	方位
寅	東
卯	
辰	
巳	南
午	
未	
申	西
酉	
戌	
亥	北
子	
丑	

四、十二地支配月建

月份	月建
正月	寅
二月	卯
三月	辰
四月	巳
五月	午
六月	未
七月	申
八月	酉
九月	戌
十月	亥
十一月	子
十二月	丑

五、十二地支配陰陽

陽——子寅辰，午申戌。

陰——丑卯巳，未酉亥。

六、十二地支配生肖

地支	生肖
子	鼠
丑	牛
寅	虎
卯	兔
辰	龍
巳	蛇
午	馬
未	羊
申	猴
酉	雞
戌	狗
亥	豬

七、十二地支配時辰

地支	標準時間
子	23:00 – 01:00
丑	01:00 – 03:00
寅	03:00 – 05:00
卯	05:00 – 07:00
辰	07:00 – 09:00
巳	09:00 – 11:00
午	11:00 – 13:00
未	13:00 – 15:00
申	15:00 – 17:00
酉	17:00 – 19:00
戌	19:00 – 21:00
亥	21:00 – 23:00

八、五行相生相剋

相生——木生火，火生土，土生金，金生水，水生木。

相剋——木剋土，土剋水，水剋火，火剋金，金剋木。

九、先天八卦（先天為體）

訣：乾三連，
坤六斷，
震仰盂，
艮覆碗，
離中虛，
坎中滿，
兌上缺，
巽下斷。

兌	乾	巽
離		坎
震	坤	艮

先天八卦（合九）

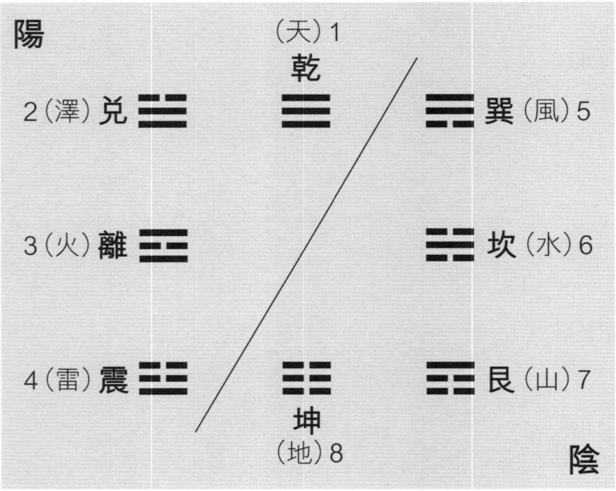

十、後天八卦（後天為用）

巽	離	坤
震		兑
艮	坎	乾

後天八卦（合十）

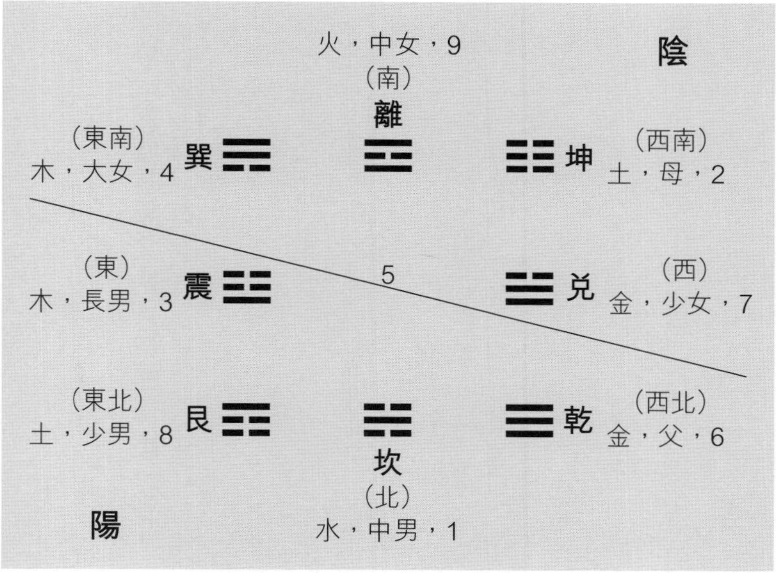

十一、起卦方法

首先用三個銅錢（或任何硬幣），然後放在手裏搖動，心內想着要問之事，最後把三個銅錢放於枱上，由下而上，如此六次，即得出六個陰陽爻象，從而得出一卦。

（公為陽爻⚊），（字為陰爻⚋）。

凡三個銅錢皆陰，則為陰爻之動，則記╳為號交。

凡三個銅錢皆陽，則為陽爻之動，則記○為號重。

凡一陰二陽則為陰，則記⚋為號拆。

凡一陽二陰則為陽，則記⚊為號單。

例一

(1) 搖六次得出之象為：

陽陽陽（六爻）

陽陰陰（五爻）

陰陽陽（四爻）

陰陰陰（三爻）

陰陽陽（二爻）

陰陰陰（初爻）

(2) 得出為風地觀：

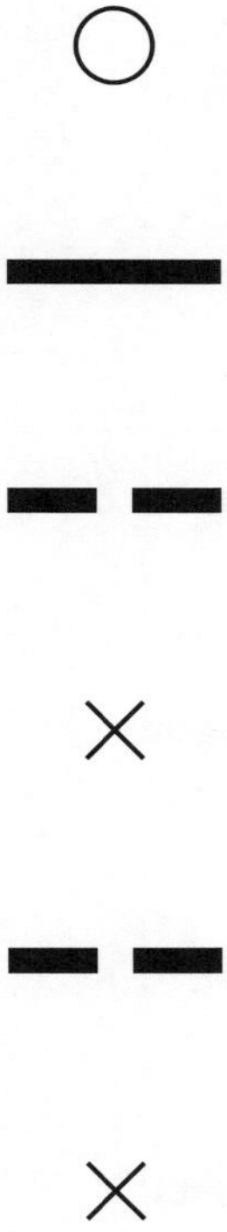

(3) 變卦為水火既濟：

例二——

(1) 搖六次得出之象為：

陰陰陰（六爻）　陰陽陽（五爻）　陽陰陰（四爻）　陽陰陰（三爻）　陰陽陽（二爻）　陰陽陽（初爻）

(2) 得出為雷山小過：

(3) 變卦為火山旅：

十二至十五

震宮　木	艮宮　土	坎宮　水	乾宮　金
震為雷 ⚋ 才戌 世 ⚋ 官申 ⚊ 子午 ⚋ 才辰 應 ⚋ 兄寅 ⚊ 父子	**艮為山** ⚊ 官寅 世 ⚋ 才子 ⚋ 兄戌 ⚊ 子申 應 ⚋ 父午 ⚋ 兄辰	**坎為水** ⚋ 兄子 世 ⚊ 官戌 ⚋ 父申 ⚋ 才午 應 ⚊ 官辰 ⚋ 子寅	**乾為天** ⚊ 父戌 世 ⚊ 兄申 ⚊ 官午 ⚊ 父辰 應 ⚊ 才寅 ⚊ 子子
雷地豫 ⚋ 才戌 ⚋ 官申 ⚊ 子午 應 ⚋ 兄卯 ⚋ 子巳 ⚋ 才未 世父子	**山火賁** ⚊ 官寅 ⚋ 才子 ⚋ 兄戌 應 ⚊ 才亥 子申 ⚋ 兄丑 父午 ⚊ 官卯 世	**水澤節** ⚋ 兄子 ⚊ 官戌 ⚋ 父申 應 ⚋ 官丑 ⚊ 子卯 ⚊ 才巳 世	**天風姤** ⚊ 父戌 ⚊ 兄申 ⚊ 官午 應 ⚊ 兄酉 ⚊ 子亥 才寅 ⚋ 父丑 世
雷水解 ⚋ 才戌 ⚋ 官申 應 ⚊ 子午 ⚋ 子午 ⚊ 才辰 世 ⚋ 兄寅 父子	**山天大畜** ⚊ 官寅 ⚋ 才子 應 ⚋ 兄戌 ⚊ 兄辰 子申 ⚊ 官寅 世父午 ⚊ 才子	**水雷屯** ⚋ 兄子 ⚊ 官戌 應 ⚋ 父申 ⚋ 官辰 世才午 ⚋ 子寅 ⚊ 兄子	**天山遯** ⚊ 父戌 ⚊ 兄申 應 ⚊ 官午 ⚊ 兄申 ⚋ 官午 世才寅 ⚋ 父辰 子子
雷風恆 ⚋ 才戌 應 ⚋ 官申 ⚊ 子午 ⚊ 官酉 世 ⚊ 父亥 兄寅 ⚋ 才丑	**山澤損** ⚊ 官寅 應 ⚋ 才子 ⚋ 兄戌 ⚋ 兄丑 世子申 ⚊ 官卯 ⚊ 父巳	**水火既濟** ⚋ 兄子 應 ⚊ 官戌 ⚋ 父申 ⚊ 兄亥 世才午 ⚋ 官丑 ⚊ 子卯	**天地否** ⚊ 父戌 應 ⚊ 兄申 ⚊ 官午 ⚋ 才卯 世 ⚋ 官巳 ⚋ 父未 子子
地風升 ⚋ 官酉 ⚋ 父亥 ⚋ 才丑 世子午 ⚊ 官酉 ⚊ 父亥 兄寅 ⚋ 才丑 應	**火澤睽** ⚊ 父巳 ⚋ 兄未 才子 ⚊ 子酉 世 ⚋ 兄丑 ⚊ 官卯 ⚊ 父巳 應	**澤火革** ⚋ 官未 ⚊ 父酉 ⚊ 兄亥 世 ⚊ 兄亥 才午 ⚋ 官丑 ⚊ 子卯 應	**風地觀** ⚊ 才卯 ⚊ 官巳 兄申 ⚋ 父未 世 ⚋ 才卯 ⚋ 官巳 ⚋ 父未 應子子
水風井 ⚋ 父子 ⚊ 才戌 世 ⚋ 官申 子午 ⚊ 官酉 ⚊ 父亥 應兄寅 ⚋ 才丑	**天澤履** ⚊ 兄戌 ⚊ 子申 世才子 ⚊ 父午 ⚋ 兄丑 ⚊ 官卯 應 ⚊ 父巳	**雷火豐** ⚋ 官戌 ⚋ 父申 世 ⚊ 才午 ⚊ 兄亥 ⚋ 官丑 應 ⚊ 子卯	**山地剝** ⚊ 才寅 ⚋ 子子 世兄申 ⚋ 父戌 ⚋ 才卯 ⚋ 官巳 應 ⚋ 父未
澤風大過 ⚋ 才未 ⚊ 官酉 ⚊ 父亥 世子午 ⚊ 官酉 ⚊ 父亥 兄寅 ⚋ 才丑 應	**風澤中孚** ⚊ 官卯 ⚊ 父巳 才子 ⚋ 兄未 世 ⚋ 兄丑 子申 ⚊ 官卯 ⚊ 父巳 應	**地火明夷** ⚋ 父酉 ⚋ 兄亥 ⚋ 官丑 世 ⚊ 兄亥 才午 ⚋ 官丑 ⚊ 子卯 應	**火地晉** ⚊ 官巳 ⚋ 父未 ⚊ 兄酉 世 ⚋ 才卯 ⚋ 官巳 ⚋ 父未 應子子
澤雷隨 ⚋ 才未 應 ⚊ 官酉 ⚊ 父亥 子午 ⚋ 才辰 世 ⚋ 兄寅 ⚊ 父子	**風水漸** ⚊ 官卯 應 ⚊ 父巳 才子 ⚋ 兄未 ⚊ 子申 世 ⚋ 父午 ⚋ 兄辰	**地水師** ⚋ 父酉 應 ⚋ 兄亥 ⚋ 官丑 ⚋ 才午 世 ⚊ 官辰 ⚋ 子寅	**火天大有** ⚊ 官巳 應 ⚋ 父未 ⚊ 兄酉 ⚊ 父辰 世 ⚊ 才寅 ⚊ 子子

十六至十九

兌宮　金		坤宮　土		離宮　火		巽宮　木	
⚋ 父未 世 ⚊ 兄酉 ⚊ 子亥 ⚋ 父丑 應 ⚊ 才卯 ⚊ 官巳	兌為澤	⚋ 子酉 世 ⚋ 才亥 ⚋ 兄丑 ⚋ 官卯 應 ⚋ 父巳 ⚋ 兄未	坤為地	⚊ 兄巳 世 ⚋ 子未 ⚊ 才酉 ⚊ 官亥 應 ⚋ 子丑 ⚊ 父卯	離為火	⚊ 兄卯 世 ⚊ 子巳 ⚋ 才未 ⚊ 官酉 應 ⚊ 父亥 ⚋ 才丑	巽為風
⚋ 父未 ⚊ 兄酉 ⚊ 子亥 應 ⚋ 官午 ⚊ 父辰 ⚋ 才寅 世	澤水困	⚋ 子酉 ⚋ 才亥 ⚋ 兄丑 應 ⚋ 兄辰 ⚋ 官寅 父巳 ⚊ 才子 世	地雷復	⚊ 兄巳 ⚋ 子未 ⚊ 才酉 應 ⚊ 才申 官亥 ⚋ 兄午 ⚋ 子辰 世父卯	火山旅	⚊ 兄卯 ⚊ 子巳 ⚋ 才未 應 ⚊ 才辰 官酉 ⚊ 兄寅 ⚊ 父子 世	風天小畜
⚋ 父未 ⚊ 兄酉 應 ⚊ 子亥 ⚋ 才卯 ⚋ 官巳 世 ⚋ 父未	澤地萃	⚋ 子酉 ⚋ 才亥 應 ⚋ 兄丑 ⚋ 兄丑 ⚊ 官卯 世 ⚊ 父巳	地澤臨	⚊ 兄巳 ⚋ 子未 應 ⚊ 才酉 ⚊ 才酉 ⚊ 官亥 ⚋ 子丑 父卯	火風鼎	⚊ 兄卯 ⚊ 子巳 應 ⚋ 才未 ⚊ 父亥 官酉 ⚋ 子丑 世 ⚊ 兄卯	風火家人
⚋ 父未 應 ⚊ 兄酉 ⚊ 子亥 ⚊ 兄申 世 ⚋ 官午 才卯 ⚋ 父辰	澤山咸	⚋ 子酉 應 ⚋ 才亥 ⚋ 兄丑 ⚊ 兄辰 世 ⚊ 官寅 父巳 ⚊ 才子	地天泰	⚊ 兄巳 應 ⚋ 子未 ⚊ 才酉 ⚋ 兄午 世官亥 ⚊ 子辰 ⚋ 父寅	火水未濟	⚊ 兄卯 應 ⚊ 子巳 ⚋ 才未 ⚋ 才辰 世官酉 ⚋ 兄寅 ⚊ 父子	風雷益
⚋ 子子 ⚊ 父戌 ⚋ 兄申 世 ⚊ 兄申 ⚋ 官午 才卯 ⚋ 父辰 應	水山蹇	⚋ 兄戌 ⚋ 子申 ⚊ 父午 世 ⚊ 兄辰 ⚊ 官寅 ⚊ 才子 應	雷天大壯	⚊ 父寅 ⚋ 官子 ⚋ 子戌 世才酉 ⚋ 兄午 ⚊ 子辰 ⚋ 父寅 應	山水蒙	⚊ 才戌 ⚊ 官申 ⚊ 子午 世 ⚋ 才辰 ⚋ 兄寅 ⚊ 父子 應	天雷無妄
⚋ 兄酉 ⚋ 子亥 世 ⚋ 父丑 ⚊ 兄申 ⚋ 官午 應才卯 ⚋ 父辰	地山謙	⚋ 兄未 ⚊ 子酉 世 ⚊ 才亥 ⚊ 兄辰 ⚊ 官寅 應父巳 ⚊ 才子	澤天夬	⚊ 父卯 ⚊ 兄巳 世 ⚋ 子未 才酉 ⚋ 兄午 官亥 ⚊ 子辰 應 ⚋ 父寅	風水渙	⚊ 子巳 ⚋ 才未 世 ⚊ 官酉 ⚋ 才辰 ⚋ 兄寅 應 ⚊ 父子	火雷噬嗑
⚋ 父戌 ⚋ 兄申 ⚊ 官午 世子亥 ⚊ 兄申 ⚋ 官午 才卯 ⚋ 父辰 應	雷山小過	⚋ 才子 ⚊ 兄戌 ⚋ 子申 世 ⚊ 兄辰 ⚊ 官寅 父巳 ⚊ 才子 應	水天需	⚊ 子戌 ⚊ 才申 ⚊ 兄午 世 ⚋ 兄午 官亥 ⚊ 子辰 ⚋ 父寅 應	天水訟	⚊ 兄寅 ⚋ 父子 子巳 ⚋ 才戌 世 ⚋ 才辰 官 ⚋ 兄寅 ⚊ 父子 應	山雷頤
⚋ 父戌 應 ⚋ 兄申 ⚊ 官午 子亥 ⚋ 父丑 世 ⚊ 才卯 ⚊ 官巳	雷澤歸妹	⚋ 才子 應 ⚊ 兄戌 ⚋ 子申 ⚋ 官卯 世 ⚋ 父巳 ⚋ 兄未	水地比	⚊ 子戌 應 ⚊ 才申 ⚊ 兄午 ⚊ 官亥 世 ⚋ 子丑 ⚊ 父卯	天火同人	⚊ 兄寅 應 ⚋ 父子 子巳 ⚋ 才戌 ⚊ 官酉 世 ⚊ 父亥 ⚋ 才丑	山風蠱

二十、裝卦次序

《納甲裝卦歌》

乾金甲子外壬午，子寅辰，午申戌（天上子）

坎水戊寅外戊申，寅辰午，申戌子（水上寅）

艮土丙辰外丙戌，辰午申，戌子寅（山上辰）

震木庚子外庚午，子寅辰，午申戌（雷上子）

巽木辛丑外辛未，丑亥酉，未巳卯（風下丑）

離火己卯外己酉，卯丑亥，酉未巳（火下卯）

坤土乙未外癸丑，未巳卯，丑亥酉（地下未）

兑金丁巳外丁亥，巳卯丑，亥酉未（澤下巳）

二十一、安世應歌

八卦之首世六當，已下初爻輪上颺，遊魂八宮四爻立，歸魂八卦三爻詳。

二十二、六獸歌

甲乙起青龍，丙丁起朱雀，戊日起勾陳，己日起螣蛇，

庚辛起白虎，壬癸起玄武（從下裝起）。

二十三、三合會局歌

申子辰會水局，巳酉丑會金局，寅午戌會火局，亥卯未會木局。

二十四、六合

子丑合，寅亥合，卯戌合，

辰酉合，巳申合，午未合。

二十五、六沖

子午沖，丑未沖，寅申沖，

卯酉沖，辰戌沖，巳亥沖。

二十六、地支三刑歌

寅刑巳，巳刑申，丑戌相刑未並臻。

子刑卯，卯刑子，辰午酉亥自相刑。

二十七、地支六害歌

六害子未不堪親，丑害午兮寅巳真，

卯害辰兮申害亥，酉戌相穿轉見深。

二十八、長生歌訣

長生，沐浴，官帶，臨官，帝旺，衰，病，死，墓，絕，胎，養。

木生長於亥（死於午）

火生長於寅（死於酉）

土生長於申寅（無死絕）

金生長於巳（死於子）

水生長於申（死於卯）

例：木長生於亥，子為木浴，丑為官帶，寅為臨官，卯為帝旺。

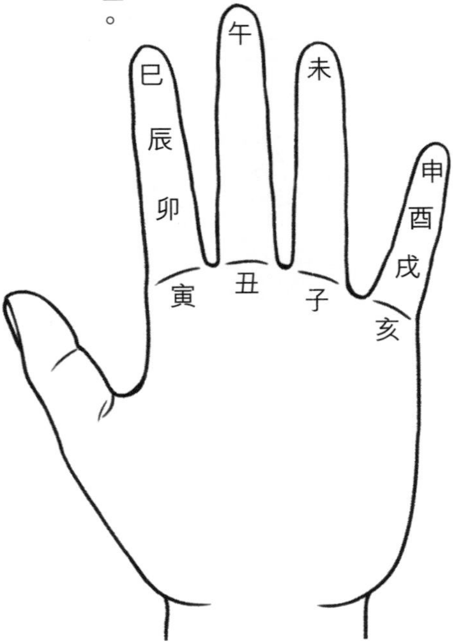

二十九、祿馬羊刃歌

（從日辰起）但占自己，事從命主起。

甲祿在寅卯為羊刃，乙祿到卯辰為羊刃，丙戊祿在巳午為羊刃。
丁己祿於午未為羊刃，庚祿居申酉為羊刃，辛祿到酉戌為羊刃。
壬祿於亥子為羊刃，癸祿於子丑為羊刃。
申子辰馬居寅，巳酉丑馬在亥，寅午戌馬居申，亥卯未馬居巳。

三十、貴人歌

甲戊庚牛羊，乙己鼠猴鄉，丙丁豬雞位，
壬癸兔蛇藏，六辛逢馬虎，此是貴人方。

三十一、八宮諸物

乾為馬，坤為牛，震為龍，巽為雞，坎為豕，離為雉，艮為狗，兑為羊。

三十二、八宮諸身

乾為首，坤為腹，震為足，巽為股，坎為耳，離為目，艮為手，兑為口。

三十三、五神歌

生我者父母，同我者兄弟，我生者子孫，我剋者妻財，剋我者官鬼。

三十四、用神分類

父母——祖父母，長輩，家長，城垣，宅舍，舟車，衣服，文章，考試，土地，求雨。

兄弟——兄弟，平輩，同事。

子孫——兒女，晚輩，學生，伙計，下屬，藥材，僧道，六畜，禽鳥，天時，日月星斗，名氣，言語，著作，排洩物。

妻財——妻妾，平輩之妻，物價，金銀財帛，倉庫，錢糧，雜物，天時，晴天，管理及我支配之物。

官鬼——女之夫，功名，官府，雷電，鬼神，亂臣，盜賊，邪祟，憂疑，病症，屍首，逆風，法律，規舉，任務。

三十五、飛神伏神

八卦中無用神時，則以八宮首卦之神為用神，此為伏神所伏之原支為飛神。

如同子女下屬之事，應以子孫為用神，如得出天地否卦，則卦中並無子孫，而無用神可言，此時為有借用，乾宮首卦的第一爻之子孫爻為用。

天地否

父母	▅▅▅	戌	（應）
兄弟	▅▅▅	申	
官鬼	▅▅▅	午	
妻財	▅ ▅	卯	（世）
官鬼	▅ ▅	巳	
父母	▅ ▅	未	伏子（子孫）

乾

父母	▅▅▅	戌	（世）
兄弟	▅▅▅	申	
官鬼	▅▅▅	午	
父母	▅▅▅	辰	（應）
妻財	▅▅▅	寅	
子孫	▅▅▅	子	

三十六、空亡

天干地支由甲子到癸亥，共六十組，但天干每組出現六次，而地支則只會出現五次，所以每組天干配地支，都會出現兩個地支配不上，如甲子到癸酉則剩下戌亥，甲戌到癸未則剩下申酉，此剩下之兩字則為空亡。

三十七、世應

世代表自己，應代表他人，或代人所問一切之事。

三十八、喜用忌神

所要問之事為用神，生用神為原神，剋用神為忌神，剋原神為仇神。

三十九、諸爻持世訣

(1) 世爻旺相最為強，作事亨通大吉昌，謀望諸般皆遂意，用神生合妙難量，旬空月破逢非吉，剋害刑沖遇不良。

(2) 父母持世主身勞，求嗣妾眾也難招，官動財旺宜赴試，財搖謀利莫心焦，占身財動無賢婦，又恐區區壽不高。

(3) 子孫持世事無憂，求名切忌坐當頭，避亂許安失可得，官訟從今了便休，有生無剋諸般吉，有剋無生反見愁。

(4) 鬼爻持世事難安，占身不病也遭官，財物時時憂失脱，功名最喜世當權，入墓愁疑無散日，逢沖轉禍變成歡。

(5) 財爻持世益財榮，兄苦交重不可逢，更遇子孫明暗動，利身剋父喪文風，求官問訟宜財托，動變兄官萬事凶。

(6) 兄弟持世莫求財，官興須慮禍將來，朱雀並臨防口舌，如搖必定損妻財，父母相生身有壽，化官化鬼有奇災。

四十、飛伏生剋吉凶歌

伏剋飛神為出暴，飛來剋伏反傷身，伏去生飛名洩氣，飛來生伏得長生，爻逢伏剋飛無事，用見飛傷伏不甯，飛伏不和為助暴，伏藏出現審原因。

四十一、六爻安靜

卦遇六爻安靜，當看用與日辰，日辰剋用及相刑，作事宜當謹慎，更在世應推究，忌神切莫加臨，世應臨用及原神，作事斷然昌盛。

四十二、六爻亂動

六爻亂動事難明，須向宮中看用神，用若休囚遭剋害，須知此事費精神。

四十三、反吟卦

卦之反吟——如天風姤變風天小畜，水火既濟變火水未濟。

爻之反吟——如子午沖，丑未沖，寅申沖等。

四十四、伏吟卦

如乾變震，震變乾，為子寅辰午申戌，化子寅辰午申戌。

四十五、六合及變合

六合卦如天地否——未巳卯——午申戌為午未合，巳申合，卯戌合。

變合如子爻變丑，戌爻變卯，寅爻變亥（但要注意變爻生剋）。

四十六、合中逢沖，沖中逢合

如六合卦變六沖卦，日月沖爻，動爻變沖等（化回頭剋最衰）。

沖中逢合如六沖變六合，日月合爻，動爻變合等。

四十七、變出進神退神

卦中亥變子，丑變辰，寅變卯等為進神（好）化進。

卦中子變亥，戌變未，酉變申等為退神（壞）化退。

四十八、卦身

陰世則從午月起，陽世還從子月生，欲得識其卦中意，從初數至世方真。

四十九、卦身喜忌訣

身臨福德不見官，所憂必竟變成歡，目前凶事終須吉，緊急還來漸漸寬。

身臨原用與青龍，定期喜事入門中，若逢驛馬身爻動，出路求謀事事通。

身爻切忌入空亡，作事難成且守常，刑傷破絕皆為忌，勸君安份守家邦。

五十、求財

(1) 凡求財以財爻為用神，子孫為原神，兄弟為忌神，父母為仇神，官鬼為閒神。
(2) 最喜用神、原神動而有力，有月建日辰相生，最忌父兄發動，月日沖破逢空。
(3) 卦中遇兄爻發動本為凶兆，又得子孫發動而生財，則財更有力而深固。
(4) 求財最忌父兄同動，財必不利，作事不成。
(5) 如財多而反覆亂動，亦非吉兆，財不到手，必卦有墓庫方成。
(6) 如專營事業或與政府有關之事業，則宜官爻發動方可成。
(7) 財爻子孫旺相、生合世爻，或財爻子孫持世，謂財來就我，謀必遂意。但若子孫或財臨月破，則必待過月方成。
(8) 財臨死絕不動無力，或逢月破旬空，必不可得。

(9) 卦中財臨死絕無力，即子孫發動亦無用，必待財臨生旺方佳。

(10) 卦中逢兄弟旺動剋世，必因財色而招惹是非，亦主他人對己不利。

(11) 卦中三合會成財局而有力，必得大財。

(12) 父爻化財，必勞而後得，兄化財，則先散後來，或先難後易，先失後得。官化財最利政府公職及九流藝術之人。

(13) 財化官、或化兄最凶，主破耗損傷，更見世爻有傷，恐財惹官非。

(14) 凡卦得六合，財易得，六沖，則終無，化沖亦然。

(15) 財爻發動入墓，或被合，必待沖墓，沖合神，沖財爻之日方可得，若爻動逢絕、則待絕處逢生之日可得，逢月破必待過月，填實逢合日得，逢沖合日得，逢旬空，則沖空出旬日得，逢安靜則待沖日得，逢伏出現日得。

(16) 凡卦內無財，如月建日辰有財可為用，財來生合世爻，或日辰月建三合財局皆可得財。

(17) 印化財為辛苦得財，印旺財衰，勞而功少，財旺印衰，勞少財多。

(18) 無官鬼爻，則兄爻易分財，然則，官鬼不宜旺動。

(19) 外出求財，世應不要空，財福要全備，官鬼要有氣，父母要衰靜，斯為上吉，更得日辰月建動爻生合世爻，必得佳訊，財必有利。動出官兄，是非必多，應空，則事不成。

五十一、賭博借貸

(1) 凡以賭博為業者，要世旺應衰，世爻剋應爻我勝，應爻剋世爻他勝，兄弟鬼動來刑剋世爻，或兄弟持世，或世空，或化空，皆主不勝，世應靜空，主賭博不成。

(2) 凡放債，最忌世應持兄弟，必不能還、財爻臨絕，本利俱無，世應空，亦然。

(3) 借貸，以世為己，如財爻持世，或財生合世爻，可借成。

(4) 借貸，若逢財空，世空，月破，日辰死絕，則不成，必待出旬之日，方可再借。

(5) 應爻生合世爻，可得之象，世爻生剋應爻，難得之象，更逢應空，則更難借成。

(6) 索債、若卦中呈現，應爻生世爻，或財爻持世，財動生合世爻，皆主易還之象，忌見應爻沖剋世爻，主有不還之象。

(7) 卦中應生世，但不見財爻，主對方欲還而無力，若卦中應爻沖剋世爻，而卦中財旺，生合應爻，則對方有能力而不還。

(8) 卦中，若應臨兄弟旺動，財逢空亡，月破或死絕，顯示有心欺騙，若應入墓或穴亡者，人避而不見，更若財化空亡，月破、逢絕者，更難還。

(9) 若官爻旺動，化財生世者，打官司方能追討。

五十二、交易

(1) 交易以世應為主，財爻為輔，若世應生合而旺，主交易可成。

(2) 世代表己意，應代表他意，旺動代表心切，空亡無意，無力，無心，沖剋談不合。

(3) 世應中間為間爻，如間爻生合世應，則有第三者出現促成此交易，但若間爻逢日沖月破，動爻沖剋，自化回頭沖剋，化退神等，皆主第三者無力促成。

(4) 財爻動來生合世，應為易得之象，若被動爻日辰合住，其財必有人從中拿住，要知何人拿住，則以合爻之神定之，如父母為尊長，兄弟為平輩，要知何時到手，則待沖之日可得。

(5) 父母為文書，如契約，若父母爻旺相，且生合世爻，主成，若父爻逢死絕，受他爻所制，逢沖，則難成。

(6) 卦中財爻旺動而父母爻被沖剋，代表交易中止，我仍獲利。

(7) 六合卦則交易，易成，六沖或化六沖，則終必不成。

(8) 世爻空亡，我對交易無意，應空，他無意，世應皆空，雙方皆無意。

(9) 凡占貨物，何時價好，則以財之五行斷之，又宜，以沖待合，合待沖，絕逢生，墓待開，等法斷之，又宜，以子孫爻斷，又如財坐長生之地，則一日比一日好，若帝旺，則是最好之時，遲則無利。

(10) 九流求財，以鬼為主顧，出現發動生合世爻，必然稱意，忌刑沖剋合世爻。

(11) 凡卜六畜飼養買賣，皆要子孫相旺，持世則吉，父母發動，則有動傷，化出土鬼，則疫症而死，子旺財空，六畜好而無利。

(12) 應動合財，且化退神，多對方中止買賣，世應動合財，但被日辰動爻沖剋，則有人礙其買賣。

五十三、合夥

(1) 占交易合夥，以世為己，應為他人，世應相合有力，則合作易成。

(2) 應生世，他來助我，世生應，我來助他，世應同旺，雙方力同。

(3) 世應相沖，謀不合意，終不可成，世應相剋亦不利。

(4) 世爻逢空，則我無意，應爻逢空，則他無意，世應皆空，雙方皆無意，空而帶合，有約必虛。

(5) 世空有財難得，應空難靠他人。

(6) 世爻靜逢沖，我心搖動，應爻靜逢沖，他心搖動，世應皆沖，則兩心皆搖動。

(7) 應持印旺動，且生合世爻，主對方勤儉耐勞，且利於我，應若無用，雖合我仍無助力，應爻本生合世爻，而化沖，則有始無終。

(8) 六合卦則合夥必成，六沖或化之沖，終不成。

(9) 世應皆財爻，必然稱意，如逢兄弟終必分財，靜則無礙，動則不宜。

五十四、婚姻

(1) 男家卜，宜世屬陽，應屬陰，女家卜，宜世陰應陽，陰陽相得及成主婦之道。

(2) 如男卜女，遇世陰應陽，世陰才陽者是陰陽交錯，後主夫妻欺凌，終招反目。

(3) 占婚姻卦宜安靜，安靜則家庭和睦無爭，若財動則不和公姑，鬼動則不和，妯娌，父動則不和子姪，兄動則不和妻妾，動加月建日辰不和，更有刑剋。

(4) 六合卦，一陰一陽，配合成象，世應相生，六爻相合，占者得之，必主易成而又吉。

(5) 六沖卦，非純陰，則純陽，其象尤二女同居，兩男共處，志必不合。

(6) 世合應，應合世，終成種玉之象。

(7) 如求婚，得應爻安靜，生合世爻，必然成事，若應爻發動，或空或沖，皆主不成。

(8) 應爻生合世爻，主女家貪求其男則易成，若世爻生合應爻，主男家貪求其女，如旺世剋衰應，乃持富欺貧，用強娶。

(9) 世應比和，得日辰合世應者，或間爻動來合世應者，是賴媒人之力也，夫占以財為妻，世與財合必先通，後娶，財與世爻動合亦然，財爻動與旁爻合，與他人有情，財遇合多亦然。

(10) 世動生合應爻，男家願成，應動生合世爻，女家願嫁，皆易成之象，但怕變入空亡，必有退悔之意。

(11) 卦遇六合相吉，但遇動爻日辰沖剋兩邊，必有阻隔難成，世應沖剋本凶。若遇動爻日辰生合兩邊，必有人幫忙，要知幫忙的人是誰，則以六神推究。

(12) 若因無子而娶，遇父旺動或子孫墓絕主無子息，父恃也亦然。

(13) 如鬼爻剋世，不得不願為婚，更防禍殃，如用神生合世位，不但易成，後必恩愛。

(14) 財官如無刑害，夫妻定主和諧。

(15) 父母爻動當令，子嗣難得，但子孫旬空，反可得子，為出之年，難免刑剋。

(16) 男以財爻為妻，女以官鬼為夫，若值空亡，必然不利，財空失妻，鬼空失夫，然男卜鬼空不防，女卜財空不忌。

(17) 世持鬼，應持財，如男占是陰陽得位，必然夫掌男權，妻持婦道，若應持鬼，世持財，是陰陽失位，必然妻掌夫權。

(18) 夫占妻，以兄弟為妯娌，父為翁姑，卦有官動，則剋兄弟，主妯娌不和，有財動，則剋父母，主公姑不睦。

(19) 卦中財爻伏空鬼之下，其女先曾受聘，但未婚夫死，若加白虎發動，則是已嫁而夫死帶孝，若鬼伏財下不空者，必是有夫之婦，如被日辰動爻，刑剋世爻，後防爭訟。

(20) 世空自不欲成，應空彼不欲成，勉強欲成，終不遂意。

(21) 要知男女性情容貌，財鬼二爻取之，旺者身肥，衰者弱瘦，如虎蛇勾陳，玄武屬土火貌醜，如青龍屬木，貌美。

(22) 夫若才能，官位占長生之地位，妻如愚拙，財爻落墓庫之鄉。

(23) 占婚，遇財爻化進神，妻有嫁妝贈嫁。遇沖終必失掉。財化子有兒女帶來，逢空雖來不壽。如化退逢沖，日後必背夫改嫁，鬼化鬼，財化財，不論進退，皆反覆。兄動而爻臨玄武，螣蛇來刑沖世身者，雖防劫，騙之謀。

(24) 日辰與父爻作合，或日辰自帶文書，主成婚日期已定。

(25) 凡占嫁妝，當看財爻，若財爻生合世爻，又得日辰動爻扶助，必有嫁妝，如臨勾陳，必有田產。

(26) 男問妻，看財爻，女問夫，看鬼爻，女問男家，男問女家，看應爻。

五十五、官司

(1) 占官司不拘原被告，皆以占者為世爻，應旺世衰，她強我弱，世旺應衰，她弱我強。

(2) 世爻刑剋應爻，未為我勝，乃是欺她之象，必得鬼剋應爻，方為我勝，動爻與月建日辰剋之，亦然。

(3) 世應生合，彼此有和釋之意，世生應，我欲求和，應生世，她欲求和，應世動空化空者，俱是假意言和。

(4) 世應比和，是和釋之象，倘有官鬼動剋，主官府要打官司，不能和議，子孫動則終成和議。

(5) 六爻安靜，世應雖不生合，而子孫發動者，必有親鄰勸和也。

(6) 世空，則我欲平息紛爭，應空，她欲平息紛爭，世應俱空，兩者皆願平息。

(7) 世動，則我必使心用謀，若化官兄回頭剋制，反為失計，應動，則她必使心用謀，若加月建必有貴人倚靠，剋世則為不吉。

(8) 間爻為中間證人，生世合世，必有利於我，生應合應，有利於他，與世沖剋與我有仇，與應沖剋，與彼有隙，若旺爻生應衰爻合世，是助彼者有力，助我者無力，或靜生應動剋世，是向彼者，雖無幫她之意，但仍出面，若沖剋我之爻，反去生應合應，須防證人同謀陷害，但若鬼爻制，或被日辰沖剋，則代表官不信證人之言，我得無事，近世是我證人，近應是彼之證人。

(9) 卦身是官司之根由，旺則事大，衰則事小，動則事急，靜則事緩，如空伏皆是虛誣事故，飛伏俱無，毫釐不實。

(10) 父母為案卷文書，如伏藏皆文書不成。

(11) 鬼為法官，動去剋應，我勝，剋世，我敗。

(12) 日辰能救事壞事，如鬼動剋也，自必有刑，得日辰制鬼沖鬼，必得旁人之言解釋，官能寬宥於我。

(13) 日辰亦為文書官吏，如日辰傷我必事難成，傷她則我有利，又官鬼動而剋我，如有日辰制鬼沖鬼，則必有旁人解救。

(14) 以財為理，臨世我有理，臨應她有理，鬼來刑害，雖有理官府不聽。

(15) 兄弟若在世爻，必然財散人離，再加白虎，必主傾家蕩產，臨應爻則以彼斷之。

(16) 世爻入墓化墓，或臨鬼墓，卦象凶者，必有牢獄之災，臨白虎，在獄有病。

(17) 內外有官，不上一單官司，上下有父，必再訟此能成。

(18) 凡興訟首要官父兩強，方能成，如財動則徒勞無功。

(19) 父母旺相，官鬼休囚，則事小，而搞大。

(20) 世應旺動，官訟不能罷休，若變入墓絕空亡，仍虎頭蛇尾，世以己言，應以彼言。

(21) 世爻衰弱，遇月建日辰動爻生合，必有貴人扶持，彼亦無可奈何，應遇之反是。

(22) 無生合而旺，雖強而無用，再遇日月動爻刑剋，當如縮頭烏龜。

(23) 兄在間中，事必牽連眾多，動則貪財受賄，剋應索彼之財，剋世須用財託為妥。

(24) 父母為文書，臨世，我欲告理，臨應，他欲申訴，動則欲行，靜則不舉。

(25) 世持鬼我失理，應持鬼他失理，世變鬼，恐因官事喪身，應變鬼，以彼斷之。

(26) 世墓，鬼墓，皆是入獄之象，若得日辰刑剋沖破，目下即當出獄（沖墓），在獄中占卦，最喜太歲生合世爻，主在特赦，月建日辰父母生合，可上訴再審。

(27) 凡占罪名輕重，以官爻定之，旺則罪重，衰則罪輕，加臨白虎旺動剋世，火受極刑，金主外地牢獄，木主體罰，水主刑罪。

(28) 要知官事了結之期，若福動鬼靜，以生旺日月斷之，鬼動福靜，以官墓日月斷之。

五十六、失物，尋人

(1) 財爻為失物之主，如得沖中逢合，失必可得，如合處逢沖，既失不能復得矣，六沖六合卦同論。

(2) 尋人則以用爻為用神，與失物同論，如長輩則父母爻為用，同輩則兄弟爻為用，夫以官爻為用，妻以財爻為用，晚輩以子孫爻為用等等。

(3) 用爻自空，或動而化空，皆難尋見，若用神值月令，或在日辰生旺之地，此失物未散有尋找機會。

(4) 財在本宫卦內，其物未出家庭可見，財在他宮外卦，物已出外難得，在間爻，鄰里人家可尋。

(5) 五路四門，六乃棟樑閣上，初井二灶，三為閨閣房中。如伏三爻官鬼下，神堂內可尋。

(6) 財臨水爻，物在洩沼，財臨木爻，竹木樹林柴薪內，財臨金爻旺相，在銅銕錫器中，休囚，缸缽罐瓶內。土則埋在地中。

(7) 動入墓中，財深藏而不見，待沖之日方可見。

(8) 凡占失脱，用爻不宜動，動則有變，若得安靜持世，生世合世，其物皆主未散，必易尋得。生旺不空，尤妙。

(9) 用臨鬼墓，其物必在寺廟中，無氣，則在墳墓側，如在本宮內卦，則在柩傍，或座席上。更加螣蛇，恐在神圖佛像之前。在三爻，香火堂中。

(10) 用爻發動如遇日辰合住，必然有物遮藏。沖中逢合，必得，合中逢沖，難尋。

(11) 財化福，福化財，其物必禽獸巢窟中，如值子爻，是鼠啣去，更在初爻，在地穴中。寅中貓啣，丑在牛欄，午在馬廄，未在羊牢，酉在雞棲，亥在豬圈，有合則在內，無合則在旁。

(12) 官鬼逢空，世爻自動，則為自家所失。

(13) 官鬼或空，或伏或死絕不動，而財臨應上，或伏應下，乃自借於人，要知何人假借，以應臨六親定之，如臨子，則為卑類。

(14) 用不上卦，須尋伏於何處，如伏子孫爻下，物在寺院，或在卑幼處，伏父母下，物在正屋中，或在尊長處，無合，在衣服書卷中。有合，衣箱，書箱內。若伏兄下，本宮兄弟姊妹處，他宮，相識朋友處。

(15) 用在內卦，失於家中，外卦，失於他處。

(16) 財伏卦中，遇動爻日辰暗沖者，若鬼爻衰靜，其物被人移動非人偷也。

(17) 鬼不上卦，或落空，或衰絕不動，皆不是人偷。遊魂卦，多是忘記，若鬼爻變動方是人偷。

(18) 鬼爻屬陽，男子偷，屬陰女人偷。陰化陽，女偷與男。陽化陰，男偷寄女。生旺，壯年人偷。墓絕，老年人偷。胎養，小兒偷。帶刑害，有病人偷。本宮內卦，家中人偷。他宮內卦，宅上借居人偷，或家中異性人偷。

(19) 六神以定賊形，如鬼在乾宮，西北方人。在巽宮，東南方人。帶螣蛇，身長而瘦，白虎旺相，賊必肥大，餘皆倣此。

(20) 鬼爻與世刑沖，其賊向有仇隙者，與世生合，乃是兼親帶故之人，鬼化子，子化鬼，必有僧道雜於其中。

(21) 鬼爻無氣，又臨死絕，若遇動爻日辰扶起者，此賊慣得其中滋味，帶月建是強盜，加太歲是積賊。

(22) 卦有二鬼，偷非一人。俱動，是外勾裏連，內動外靜，是家人偷與外人，外動內靜，家中有人知情。

(23) 世去沖鬼，失主必曾驚覺，日來剋鬼，賊心亦自驚疑。卜起贓及尋物，若見兄動，皆主財物失散，終難尋覓。

(24) 凡占捕盜，要世旺鬼衰。世動鬼靜，則易於捕獲。若鬼爻乘旺動來刑剋世爻，須防反被其害。

(25) 子為捕賊之人，若旺動，或臨世，或臨日月，則鬼有制，賊必可獲。縱凶惡強盜，不足畏也。

(26) 鬼爻入墓，及化入墓，或伏墓下，皆主其賊深藏難捕。得動爻日辰沖墓，可捕。

(27) 鬼爻為賊，若日辰合住，必有人窩藏，待沖日可捕。

(28) 鬼爻逢沖動及受剋，必有人表示賊隱之處。

(29) 捕盜無官賊必隱跡，須看伏在何爻之下，便知賊在何處，如伏財下，在妻孥家類。若動爻有化出者，即以變爻論之，不須看伏。若卜起贓，見財爻發動，看其墓在何處，便知藏在何方。

(30) 伏若剋飛，終被他人隱匿，飛如剋伏，還為我輩擒拿。

(31) 凡占防盜，最要鬼爻衰靜，及空或日辰沖散，或子孫剋制，皆為吉兆，若鬼爻無制，動剋世爻，當受其害。若鬼伏世下，目下雖無事，至其時透出，宜提防累及。

(32) 失脱不可專以財為用神，若失舟車，衣帽，文書，奏章，則以父母為用爻，故忌財動，若飛禽走獸，則以子孫為用爻，故忌爻發動剋，則難尋覓。

五十七、升學，考試

(1) 凡占考試，必以父母為用神，官鬼為喜神。

(2) 如占功名升遷，則以官鬼為用神，父母為喜神。

(3) 如發表性文章，則以子孫為用神，代表才華發揮。

(4) 凡占升職以官為用神，父母為文章，二者旺者有力，則文章出色，升遷在望。

(5) 凡占功名，以財福（子孫）為忌，因財能剋父，子能剋官。如財爻持世，若得官動來生，則財無忌也。

(6) 同類者為兄弟，求名見之，乃同考之人，如遇發動，或月建日辰俱帶兄弟，則同考者多，必超於我，雖象好，亦必落後於人。（如選美）

(7) 如父母官鬼無氣，若得日辰扶起，剋制惡煞，仍舊有望，或世爻衰靜空亡，得日辰生扶沖實，主有親友資助金錢，助其學業考試。

(8) 以官為用喜合而不喜沖，若官爻見沖主試題不利。

(9) 月建剋父母，主捉錯試題，不利應考，如父母得動爻日辰月建生合，則字字錦繡。

(10) 世乃求名之人，若持官鬼，或得官鬼生合，功名有望，若臨子孫則剋官鬼，乃仕途未通，徒去求謀無濟。

(11) 父母空亡，若得財爻動生官，僥倖可成，若財官兩動而父爻旬空，反不宜也，父爻不空有望。

(12) 卦中官父若不持世，反臨應爻或發動，而反生他爻，不來生合世身，或破壞墓絕，皆謂出現無情，皆為不遂。

(13) 占功名，得六沖卦必難成，得六合卦必易得。

五十八、天時

(1) 父母爻為雨，財動則制雨神，晴。

(2) 應為天，世為地，世受剋則天常變。

(3) 兄弟爻為風雲，子孫為順風，官鬼為逆風。

(4) 官鬼爻為雷電，在震宮有動，則雷動霹靂，在離宮，則五雷駒電。

(5) 子孫為晴，陽爻為日，陰爻為月，旺則皎潔，衰則晴淡，空伏蒙蔽，墓絕暗晦，墓而逢沖，絕而逢生。

(6) 父母爻被日辰剋制者，不雨。父母爻動，日辰生扶，定主大雨。財爻動，且日辰生扶，主烈日，（日辰為主也）。

(7) 無父母爻不雨，值日方雨。

(8) 卦得晴兆，官鬼若動，則有濃煙重霧，惡風陰晦，冬或大寒，夏或大熱。

(9) 卦得雨兆，子孫若動，則有閃電彩虹，因子孫為彩色，虹與電亦有其象。

(10) 財主晴明，鬼主陰晦，如遇財鬼互化或鬼財皆動，必主陰晴不定。

(11) 父主雨兄主風，雨爻互化或俱發動，皆主風雨交作。凡論先後當以動為先，變為後，俱動則以，旺為先，衰為後。

(12) 日月虹霓皆屬子孫，若遇父爻化出，必然雨後見虹，兄爻化出，則是雲中見日。

(13) 如求晴，不宜父持月建，若無子孫同財爻齊發，是必連旬陰雨。

(14) 占雨父空，占晴財空，若日辰沖之，則逢空不空，欲定日期遇旬有望。

(15) 父動雨，財動晴，理固然也。若被日辰合住，雖動猶靜，待日辰沖父之日可雨，沖財之日可晴。

(16) 遇兄弟屬木，在巽宮旺動，刑剋世爻，當有颶風之患，如父亦旺動，主風雨交作。

(17) 土主雲父主雨，故土臨父動，有雲行雨施之象。木主風財主晴，故木臨財動有日暖風和之景。

(18) 妻財父母俱動，必然半晴半雨，父衰財旺晴多雨少，父旺財衰雨多晴少。

(19) 財動主晴，鬼動主陰，官旺財衰，大霧重如細雨，鬼衰財旺，煙迷少頃開晴。

五十九、子女

(1) 子孫為占生產之用神，旺相單動為陽爻，是男，休囚交接為陰，為女。

(2) 子孫生旺，俊秀而肥胖，休囚無氣，子必弱少。

(3) 無用神，則看伏於何爻之下，當以伏神吉凶斷之。

(4) 雙胎雙福，必雙生，陰陽動靜，定男女，一動一靜，一陰一陽，主一男一女。

(5) 卦無子孫，若胎爻又被月建日辰動爻刑剋，大凶之兆，子孫弱受，剋者亦然。

(6) 鬼臨胎爻，主孕婦有疾，或財化福爻，則分娩安泰。

(7) 夫占妻，財為產母，胎為胞胎，福為子女，三者皆喜月建、日辰、動爻、生扶合助，則產母安，胎胞穩，子易養。若見刑沖剋害，產母多災，胞胎不安，生子難養，如化入死墓空絕亦然。

(8) 白虎為血神，若臨子孫，或臨胎爻發動，其胎已破，臨財動亦然。

(9) 占產以青龍為喜，若在胎福財爻上動者，生期已速，必近日臨盆。

(10) 福臨青龍空亡受制，又見胎爻發動，或被日辰動爻沖動者，乃墮胎虛喜。

(11) 白虎臨官發動，或臨財化官，或臨鬼動空化空，或被沖散者，當小產。

(12) 福神發動而日辰沖胎者，其子已生膝下。

(13) 子孫墓絕，又被月日動爻，刑沖剋害者，大凶。或胎化為鬼，必是死胎。如財爻受傷，防母子有難。

(14) 如夫卜妻產，見兄動，則產母不安，見父動，則子女不安。

(15) 父爻發動，本為剋子，如福爻有月建、日辰生扶，或避空不受剋，則無礙。

(16) 得子孫胎爻，沖剋身世，生期以速，當以日時斷之。

(17) 胎福不動，又無暗沖者，必然遲緩，須待沖月日時，方分娩。

(18) 胎福二爻發動，本主易生，若被官鬼，父母動爻合住，或日辰合住，皆主臨產難生，待沖破日時，方得分娩。

(19) 如遇子財二爻在墓絕之地，固凶，若得日辰動爻生扶，則有救。

(20) 官空官伏，定然遺腹之子，如官伏有救，則夫遠遊矣。

(21) 游鬼卦官鬼空亡，則夫外出而產。若夫自占則看世爻，世空遇游魂，主己出門而妻產。

(22) 父兄爻若當權旺相，動來剋妻財子孫，而財福二爻無救，主母子同凶。官化子孫，產前多病，財化官鬼，產後多災。

(23) 卦有三合成兄弟局，生子必然乳少。夫占更防剋妻。若得福神發動，或安靜，得日辰沖動，則財有生氣，所以產母安然。

(24) 凡占有孕無孕，取胎爻為主，不看子孫，如卦中六爻，上下及年月日時，皆無胎爻者，俱主無孕。卦中有動爻出者，目下無胎，後必有胎，惟遇胎爻出現，便為有胎。若胎爻出現，如遇空亡，則血不成孕而散。

(25) 胎臨官，或被官爻、月建、日辰刑沖剋害，皆主胎孕有傷。凡胎爻旺相，又有生合扶助，不臨官鬼、父母及空亡者，其胎必成，臨陽爻則生子易養。

(26) 胎爻臨陰，休囚而得月建、日辰動爻生合，再無凶神刑剋者，其胎亦成，但生女。

(27) 胎臨玄武，所受之胎，非夫妻正受，若臨父，主之前未曾有子，今始成胎。胎臨勾陳，懷胎顯露，胎臨青龍，其胎不露，更逢三合六合必隱。

六十、病症

(1) 凡占病症，以官爻為重，得病根由獨發之爻，亦可推之。若鬼爻——衰弱，則病輕，旺相，則病重，安靜，則安臥，發動則煩躁。

(2) 鬼爻屬火，必經受病，其症必發熱，咽乾，口燥類屬。

(3) 水腎經受病，其症必惡，盜汗，或遺精白濁類屬。

(4) 金肺經受病，其症必嗽咳，虛怯，或氣喘痰多類屬。

(5) 木肝經受病，其症必感冒，風寒，或四肢不和類屬。

(6) 土脾經受病，其症必虛黃，浮腫，或時氣瘟疫類屬。

(7) 鬼在坤宮，腹中有病。
火鬼，必患腹癰（像瘡）。
水鬼，腹中疼痛，動化財化水鬼，必患瀉痢。
土鬼，則食積癖塊或沙脹蠱症。
木鬼，絞腸痧痛或大腸有病。
金鬼，脅肋疼痛，在下腰痛，此鬼在坤宮之斷，坤腹，乾頭，兑必喉風咳嗽艮手震足，巽須癱瘓腸風。

(8) 螣蛇心驚，青龍則酒色過度，勾陳腫脹，朱雀則言語癲狂，白虎損傷。

(9) 女子則血崩血暈，玄武憂鬱，男則陰症陰虛，鬼伏卦中，病來莫覺，官藏世下，病起如前，（舊病）。

(10) 若伏妻財，必是傷飢失飽，或財色染病，藏於子孫，定然酒醉耽淫，父乃勞傷所致，兄為口舌，爭競，停食，感氣，或有咒詛得病。

(11) 官化官，新舊兩病，化進神則病增，化退神則病減。

(12) 化出文書在五爻，則中途遇雨得病，變成兄弟居三位，則房內傷風。

(13) 鬼在內宮，病必夜重，鬼在外卦，病必日重。

(14) 水化火，火化水，不拘鬼爻，有干犯主象者，皆寒熱往來之症，有水火二爻俱動亦然，水旺火衰，寒多熱少，倘水受傷，火得助，則常熱乍寒。坎宮火動，內寒外熱，離宮水動，皮寒骨熱，帶日辰，必是瘧疾，上沖下，下沖上，內傷外感。

(15) 火鬼沖財，上臨，則嘔逆多吐，水宮化出回頭，土剋，在本宮初爻，是小便不通，屬陰是大便不通，陽宮陰象，陰宮陽象，二便俱不通，若加白虎陽爻，是尿血，陰爻是瀉血，白虎是血神故也，帶刑害是痔漏症。

(16) 鬼在兌宮，口中有病，若金鬼化忌神，或忌神化金鬼，必患牙痛，不化忌神則牙痛，靜鬼逢沖，齒必動搖。

(17) 鬼在震宮，病在足，加勾陳，足必腫，加白虎，必折傷破損，土鬼化木，則患腳氣，木鬼痠痛麻。

(18) 水鬼是濕氣。火鬼必生瘡毒，金鬼是腳骭膝痛，或刀刃所傷類。

(19) 離宮鬼化水爻，痰水症候，水動化鬼亦然，乾宮鬼化木爻，頭風眩暈。

(20) 木動變鬼亦然，震在外卦，勿以腳斷斷之，可言其病坐立不安，心神恍惚，蓋震主動故也，更加螣蛇發動，必是癲狂驚癇之症，小兒乃驚風也。

(21) 艮逢巳午火鬼交重，生癰疽，若遇變出土鬼，可言浮腫蠱脹等症。卦內無財，飲食不納。財遇空亡，不思茶飯。

(22) 世應中間，即病人胸膈之處。官鬼臨之必然痞寒不通。金鬼胸膈骨痛，土官飽悶。不寬木鬼心癢嘈雜。水鬼痰飲填塞。火鬼多是心痛。若化財爻，或財爻化鬼，必是宿食未消，以致胸膈不利。

(23) 鬼逢絕地，其病必輕，如遇生扶，謂之絕處逢生，其病必將復發，神思困而不清。

(24) 臨官鬼合世爻，纏染他人之症，大抵官爻持世，必然原有病根。

(25) 第三爻如值旬空，為腰軟，或旺相而空，為腰痛，不空而遇動爻日辰官鬼剋，沖者，為閃腰痛，動空亦然，鬼在此爻主腰痛。官鬼剋上六主頭痛。

(26) 財爻動臨上卦，主吐，動臨下卦主瀉，逢合住，則欲吐不吐，欲瀉不瀉。木在世爻，寅主痛，卯主癢。

六十一、制病

(1) 子孫能克制鬼煞，古人謂解神，又名福德。

(2) 占病，又為醫藥。卦中無此，則鬼無制服藥無效驗，禱神不靈。所以先宜看此推。但占父母丈夫，則不宜，子孫發動，動則剋夫星及父母之原神。

(3) 占夫以官為用神占妻以財為用神，如遇刑沖剋害，即病人受病磨折，故怕見之，克害處若得生扶，必不至死。

(4) 占自病，怕鬼持世，必難脱體。

(5) 月卦身，乃一卦之體，子孫臨之，決然無虞，縱然病勢凶險，用藥可以痊癒。

(6) 用神臨月建，又得日辰生扶拱合，再遇動爻生扶者，乃太剛，則折之兆，最怕用神又值月建，必凶，若有日辰動爻刑剋，則不嫌其旺矣。所謂太過者損之則制。

(7) 占病，以妻財為食祿，卦若無財，或落空之乃不思飲食。父母爻動，占病所忌，以其克制福神，官殺能肆虐故也，主服藥無效，故云反促天年。占兄弟病，反宜動也。

(8) 子孫固為藥，又為酒食。若臨，死絕，或在空亡，或不上卦，病中必無藥食調理。

(9) 凡占自己病，若世上臨鬼入墓於日辰，或化入墓庫於爻，固非吉兆。世爻持鬼墓發動者亦凶，新病，六合，官鬼發動，瓜得。

六十二、醫藥

(1) 凡卜醫藥，以子孫爻為藥，應為醫生，如子孫受傷，或墓絕，或官爻生旺，是藥不對症，必不能去病。但如占父母，丈夫，則不宜子孫發動，動則剋夫星及父母之原神。

(2) 占夫以官為用神，占妻以財為用神，如遇刑沖剋害，即病人受病磨折，故怕見之，剋害處若得生扶，必不至死。

(3) 占自病，怕鬼持世，必難脫病。

(4) 占病以妻財為食神，卦若無財，或落空亡乃不思飲食，父母爻動，占病所忌，以其剋制福神，官殺能肆虐故也，主服藥無效，占兄弟病，反宜動也。

(5) 子孫固為藥，又為酒食，若臨死絕或在空亡，或不上卦，病中必無藥食調理。

(6) 凡占自己病，若世上臨鬼入墓於日辰，或化入墓庫於爻，固非吉兆，世爻持鬼墓發動者亦凶。

(7) 占病以子孫為解神，世若臨之，大吉之兆，如父母動未剋傷，仍為不美，如父母有制，則無妨。

(8) 鬼爻發動，病勢必重，若鬼化入長生，乃一日嚴重過一日之象。

(9) 用神變鬼，變回頭剋，而無日月動爻解救者，目前立見其危也。

(10) 兄弟持世，飲食減省於平時。

(11) 用絕逢生，危而有救。

(12) 用神不宜太弱，弱則，病人體虛力怯難痊，若得日辰動爻，生合扶助，最吉，縱有十分重病，亦不致死也。

(13) 日辰臨子孫，生扶拱合用爻，必得藥力而癒。

(14) 官爻發動，或忌神發動，其禍成矣，若得日辰動爻沖之，謂之沖散，主其病雖凶，而不死。

(15) 占藥，要鬼爻安靜無氣，若遇發動，雖有妙藥一時難以取效，待官鬼墓絕日，用藥方始有功。

(16) 官爻無氣，子孫旺相，藥能勝病，服之有效。

(17) 大抵自占病，遇鬼伏世下，或占他人病遇鬼伏用爻下，其病不能根斷，日後恐再發也。

(18) 官鬼為病，出現則易受剋制，用藥有效，若不上卦，其病隱伏根因不知，症候莫決，率意用藥，亦難取效。

(19) 火土官爻，其病必熱，宜用涼藥攻之。

金水官爻，其病多寒，必遇熱之劑治之。

火鬼在生旺之地，又遇生扶，必用大寒之藥攻之。

水鬼在生旺之地，又遇合助者，須用大熱之藥。

火鬼在陰宮陰爻，乃是陰虛火動之症，可用滋陰降火之藥。

水鬼在陽宮內卦，乃是血氣虛損之症，可用補中益氣之藥。

斷卦步驟

一、當裝好一個卦後，首先要看此卦是否有特殊卦象，如六沖卦，六合卦，六沖化六合，六合化六沖，遊魂卦，歸魂卦，反吟伏吟卦等。

二、看用神之強弱，用神強則易成，用神弱則難成。但用神強弱要參看月建，日辰，爻動化進退，生剋，旺衰等。

月建——旺者最強，次為相，休囚死為弱，如加沖剋則更弱。

（月建看旺相休囚，月破）

日辰——日辰為用神長生者最強，日生用次強，再者為刃祿。

用神制日辰，生日辰稍弱，用神被剋者弱，再者墓絕空亡。

變爻——用神化回頭生者最強，合生次強，次者回頭合。

用神化剋合者弱，化回頭沖更弱，沖剋再弱。

其次尚要看化進，化退，化空，化墓，化絕等。

動爻之生剋關係——化原神，化忌神，化仇神等。

三、看伏神之強弱

若用神不上卦，則以伏神為用神，而伏神之看法與上同，但尚要參看與飛神之生剋關係。

伏神得飛神長生最強，飛神生伏神者亦強，次者伏剋飛、而飛剋伏者弱。

飛神呈衰弱，日破，空亡者，則伏神易於引出。

飛神受他爻支神剋制，則伏神亦易引出。

飛神化空，化墓或化回頭剋者，伏神亦易引出。

占例

例一——攞獎，一九八七年占四月八日可攞獎否（四月七日已知攞獎）

乙卯月

丁亥日

午未空

兄 ━━━━━ 巳

子 ━━ ━━ 未 應

財 ━━━━━ 酉

財 ━━━━━ 酉

官 ○ 亥 世 化午

子 ━━ ━━ 丑

官爻持世旺動，應爻空亡，必攞獎，但原來是提名最佳女主角的，怎知現在攞最佳女配角獎（但當事人後來沒有拿，不知是何緣故）。

【現補註】

- 官爻持世旺動，必攞獎，但動而化空，且生應，對對方有利。
- 本四月七日已知攞獎，但提名女主角卻得女配角，後來不知是何緣故，最終沒有拿獎。
- 頒獎日為乙未，應臨旺地，故應得獎。

例二——求財，一九九八年西曆七月二十九日年問當年財運（同日兩問）

己未月
丁丑日
子丑空

子孫	▅▅ ▅▅	酉 世	
妻財	▅▅ ▅▅	亥	
兄弟	╳	丑	化午
官鬼	╳	卯 應	化酉
父母	╳	巳	化亥
兄弟	▅▅ ▅▅	未	

坤為地化雷風恆

卦得六沖，求財必不成，且兄弟、父母爻動，亦不利財，官鬼爻動而化沖，更不利財斷，必不得財，即使世臨子孫亦無用。

例三——求財，一九九八年西曆七月二十九日問財運

己未月
丁丑日
子丑空

青龍	兄弟	▅▅ ▅▅	未	
玄武	子孫	○	酉 世	化申 子孫
白虎	妻財	▅▅▅▅▅	亥	
螣蛇	兄弟	▅▅▅▅▅	辰	
勾陳	官鬼	▅▅▅▅▅	寅 應	
朱雀	妻財	○	子	化丑 兄弟

澤天夬化雷風恆

斷——因子孫旺動生財，但化退神，財爻動化剋合，化空，當日無財，出空便得，申日財長生，子孫臨旺，得財。

例四——問子

庚申
甲子
子丑空

父母 ▅▅▅▅▅ 戌 應
兄弟 ▅▅▅▅▅ 申
妻財 ▅▅▅▅▅ 午
妻財 ▅▅ ▅▅ 卯 世
官鬼 ▅▅ ▅▅ 巳
父母 ▅▅ ▅▅ 未 伏 子孫

斷——六爻不動且伏子孫飛來剋伏，且子孫落空亡，短期內無子。

例五——問合作賺錢否

庚申月
丁巳日
子丑空

子孫 ▅▅▅ 丑 世
官鬼 X 亥 化申妻財
妻財 ▅▅▅ 酉
子孫 ○ 未 **應** 化丑 子孫
兄弟 X 巳 化丑 兄弟
父母 ▅▅▅ 卯

斷——卦逢六沖，合作不成，且應動而化沖化空，對方必無心，兄弟爻旺動，亦不利財，加上世爻雖逢子孫，但不旺不動且逢空，自己心意亦不強。

例六——問官非

辛酉

己未

子丑空

子 ▅▅ ▅▅ 子 應

父 ▅▅▅▅▅ 戌

兄 ▅▅ ▅▅ 申

才 ╳ 卯 世 化辰父

官 ╳ 巳 化寅才

父 ▅▅ ▅▅ 未

斷——世爻動，自己尋官之力強，應爻生世，對方有和解之意，然落空亡，對方和解無力，且財動臨世，雖逢月沖，過月後己方必採取行動，且勝訴居多。

例七——問出行，一九九八年

庚申
己亥
子丑空

兄 ▅▅▅▅ 卯
子 ▅▅▅▅ 巳
才 ▅▅ ▅▅ 未 **應**
才 ▅▅▅▅ 辰 伏官
兄 ▅▅▅▅ 寅
父 ◯ 子 **世** 丑才

斷——世爻旺動，出行之意強，然臨空化空，且化而沖應，出行之條件未遂，必待出空臨旺才有動象，快則冬月，遲則金水旺之年。

例八——問失物

庚申
己亥
子丑空

子	▅▅ ▅▅	酉	世
才	▅▅ ▅▅	亥	
兄	▅▅ ▅▅	丑	
官	▅▅ ▅▅	卯	應
父	▅▅ ▅▅	巳	
兄	▅▅ ▅▅	未	

斷——世爻臨旺，尋物之心強，財臨旺地，失物仍在，但兄爻臨空，出空後必拿物件，且卦為六沖，必無失而復得之可能。

例九——問官非

辛酉
己未
子丑空

官 ▬ ▬ 未
父 ○ 酉 化申父
兄 ▬▬▬ 亥 世
兄 ○ 亥 化辰官
官 ▬ ▬ 丑 伏午才
子 ▬▬▬ 卯 應

斷——兄爻臨世，必因官司而破財，世生應合應，己方有和解之意，然間爻動，且內外有官，父爻動雖化退神，然父化父，兄在間而動化官，官司必成，但吉凶未判。

例十——求子女

庚申
甲寅
子丑空

玄武	官	○	卯	化酉子
白虎	父	○	巳	化亥才
螣蛇	兄	▅▅ ▅▅	未	世
勾陳	兄	▅▅ ▅▅	丑	伏申子
朱雀	官	○	卯	化巳父
青龍	父	○	巳	應化未兄

斷——四爻亂動，又伏子孫，飛來剋伏，子孫落空亡，短期內求子女無望。

註——記得上課時有一學生在家自占，得出子孫爻動，但辰、戌爻為子孫同動，陽爻為子，三、九月應得子，但好像與時間不符，最後竟是九月懷孕，三月出生，不足月，子孫爻辰戌相沖但好像是化合，代表有驚無險，故子雖不足月，但所有機能正常，現十多歲了。

例十一——問病

癸未
己未
申空

勾	官	▅▅▅▅▅	寅		
朱	才	▅▅ ▅▅	子	應	
青	兄	▅▅ ▅▅	戌		
玄	兄	▅▅▅▅▅	辰	世	伏申子
白	官	○	寅	伏午父 化丑兄	
螣	才	▅▅▅▅▅	子		

斷——兄持世伏子孫但落空亡，出空後必癒，官爻雖動但化兄，當下雖危必然有救。

例十二——問病

己未
癸未
子丑空

白 兄 ━━━━━ 卯 世
螣 子 ━━━━━ 巳
勾 妻 ━━ ━━ 未
朱 官 ━━━━━ 酉 應
青 父 ━━━━━ 亥
玄 妻 ━━ ━━ 丑

斷——卦得六沖，新病必癒，久病必亡。

註——問病得六沖卦，可算是上天給與最簡單明瞭的答案，然術有高低，記得某年一位常在電視上用卦占卜運程之學生，在外國來電詢問，其契媽久病，占得六沖一卦作何解，我說必死無疑，不出一旬，死矣。那學生占卜是跟另一位老師學的，雖然術有高低，但久病得六沖也不知何解，可算是差太遠太遠了。

八字筆記 貳

作者

蘇民峰

編輯

梁美媚

美術統籌及設計

Amelia Loh

美術設計

Nora Chung

面相插圖：藝旋

風水插圖：Wall E

地圖繪圖：劉葉青

出版者

圓方出版社

香港鰂魚涌英皇道 1065 號東達中心 1305 室

電話：2564 7511

傳真：2565 5539

電郵：info@wanlibk.com

網址：http://www.formspub.com

http://www.facebook.com/formspub

發行者

香港聯合書刊物流有限公司

香港新界大埔汀麗路 36 號

中華商務印刷大廈 3 字樓

電話：2150 2100

傳真：2407 3062

電郵：info@suplogistics.com.hk

承印者

美雅印刷製本有限公司

出版日期

二〇一六年七月第一次印刷

ISBN 978-962-14-6006-6

Published in Hong Kong

瀏覽網站

會員申請

八字秘法 全集

「八字秘法」可稱為「江湖訣」，是玄學大師蘇民峰師傅三十多年來經驗所得，期間經過不斷鑽研、實踐、驗證，以淺顯易明的文字，配以實例，逐一印證和解釋秘訣要義。

《八字秘法全集》命例超過四百個，分成兩冊，涵蓋家庭、健康、感情、財富等方面的論斷，更附論命基本知識，以饗八字新手。

歡迎加入圓方出版社「正玄會」！

您了解何謂「玄學」嗎？您對「山醫卜命相」感興趣嗎？
您相信破除迷信能夠轉化為生活智慧而達至趨吉避凶嗎？
「正玄會」正為讀者提供解答之門：會員除可收到源源不斷的玄學新書資訊，享有購書優惠外，更可參與由著名作者主講的各類玄學研討會及教學課程。
「正玄會」誠意征納「熱愛玄學、重人生智慧」的讀者，只要填妥下列表格，即可成為「正玄會」的會員！

您的寶貴意見……

您喜歡哪類玄學題材？(可選多於1項)

□風水　□命理　□相學　□醫卜
□星座　□佛學　□其他________

您對哪類玄學題材感興趣，而坊間未有出版品提供，請說明：

____

此書吸引您的原因是：(可選多於1項)

□興趣　□內容豐富　□封面吸引　□工作或生活需要
□作者因素　□價錢相宜　□其他________________

您如何獲得此書？

□書展　□報攤/便利店　□書店(請列明：________________)
□朋友贈予　□購物贈品　□其他________________

您覺得此書的書價：

□偏高　□適中　□因為喜歡，價錢不拘

除玄學書外，您喜歡閱讀哪類書籍？

□食譜　□小說　□家庭教育　□兒童文學　□語言學習　□商業創富
□兒童圖書　□旅遊　□美容/纖體　□現代文學　□消閒
□其他________

成為我們的尊貴會員……

姓名：________________　□男 / □女　□單身 / □已婚
職業：□文職　□主婦　□退休　□學生　□其他________
學歷：□小學　□中學　□大專或以上　□其他________
年齡：□16歲或以下　□17-25歲　□26-40歲　□41-55歲　□56歲或以上

聯絡電話：________________　電郵：________________

地址：________________________________

請填妥以上資料，剪出或影印此頁黏貼後寄回：香港鰂魚涌英皇道1065號東達中心1305室「圓方出版社」收，或傳真至：(852) 2565 5539 ，即可成為會員！

*所有資料只供本公司參考

請填妥後對摺，黏貼後即可直接郵寄謝謝

請貼郵票

寄

香港鰂魚涌英皇道
1065 號東達中心
1305 室
「圓方出版社」收

圓 圓方出版社

正玄會

• 尊享購物優惠 •

• 玄學研討會及教學課程 •